사교육 없이 일등으로 키우는

엄마는 꿀맛 선생님

최연숙 지음

21세기북스

차례

즐거운 독서와 글쓰기 공부

똑똑한 학습환경 만들기

공부가 달콤할 수 있을까요?

《10살 전 꿀맛교육》을 낸 후, 강연을 다니면서 엄마들에게 많은 질문을 받았다. 그중에서 가장 자주 받은 질문을 꼽으라면 단연 "공부가 정말 달콤할 수 있나요?"일 것이다.

사실 상급학교에 진학하기 위해서 또는 입사 시험을 치르기 위해서 촉박한 시간에 쫓기듯 공부해야 했던 대부분의 어른들에게 공부는 달콤한 것으로 기억되기 어렵다. 그런데도 공부가 정말 달콤할 수 있느냐는 질문에 나는 늘 주저 없이 대답한다. "공부는 원래 달콤한 것입니다"라고.

사람은 태어나는 순간부터 공부를 즐기게 되어 있다. 어린아이를 안고 밖으로 나가보라. 여기저기 신기한 것들을 살피느라 한시도 눈을 가만히 두지 않는 것을 볼 수 있을 것이다. 공부가 지겹다는 건 어른들의 생각일 뿐이다. 어린아이 즉, 공부를 의무적으로 해야 하는 시기 이전의 아이들에게 공부는 꿀맛처럼 달콤하게 느껴진다는 사실을 엄마들은 알아야 한다.

두 살짜리 아이에게 동물의 이름을 알려주고 세 살 된 아이에게 한글을 가르칠 때 우리는 조금도 얼굴을 찡그리지 않는다. 아이가 알면 신기하고 모르면 정상이라고 생각한다. 그러면서도 혹시 내 아이가 천재는 아닐까 설레는 마음으로 재미있는 게임을 하듯이 가르친다. 그러나 자연시험에 대비해서 동물의 이름을 외워야 하거나 초등학교 입학을 며칠 앞두고 한글을 익혀야 한다면 가르치는 사람 입에서 다정한 목소리가 나오기는 어렵다. 이 경우 공부는 즐거운 깨우침의 수단이 아니라 반드시 해야 하는 의무가 되어버리기 때문이다.

그러므로 아이에게 공부가 꿀맛임을 느끼게 하기 위해서는 가르치는 시기를 좀 더 앞당기라고 말하고 싶다. 공부가 의무가 되기 전에 가르치면 다급함이 없으니 얼마든지 즐거운 놀이가 될 수 있다. 모르는 것이 정상이고 알면 기특하니 가르치는 사람의 목소리도 명랑해질 수밖에 없다. 나중에 크면 지겹게 할 텐데 벌써부터 극성부릴 필요가 있겠느냐고 할 수도 있겠지만, 때를 놓치면 공부하는 사람이나 가르치는 사람이나 '공부는 지겹고 힘든 것'이라고 인식하게 된다.

공부를 달콤하게 만드는 또 하나의 중요한 요소는 어떻게 가르치느냐다. 한마디로 교육에 꿀을 바르는 것이 필요하다. 가장 지혜로운 교육은 분명 아이는 놀고 있는데, 엄마는 그 놀이 안에 교육을 숨겨놓는 것이다. 예를 들어 나는 동요를 불러줄 때 살짝살짝 개사를 하였는데, 아이는 그게 공부인지 깨닫지 못하고 새로 조금씩 추가되고 바뀌는 가사를 기억해서 바꿔 부르기를 즐겼다.

호기심과 탐구심이 한창일 때 놀이 같은 공부를 시작하면 시간에 쫓

기지 않으니 여유롭고, 놀면서 익히니 그야말로 꿀맛교육이 된다. 꿀맛
교육은 사랑하는 마음으로 아이를 가까이에서 들여다볼 준비가 된 엄
마라면 누구나 실천할 수 있는 가장 쉬운 교육법이다.

2009년 2월
최연숙

1

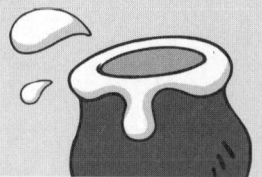

공부!
어떻게 **시작**해야 하나요?

유치원은 몇 살부터
보내야 하나요?

 나는 부모님이 계신 덕분에 일을 하면서도 육아 문제로
마음 졸이지 않은 운 좋은 엄마였기에 위로 두 아이들은
학교 가기 직전 1년 동안만 유치원을 보냈다. 아이들의
행동을 유심히 살펴 그릇된 버릇과 습관을 잡아주고, 하고 싶은 것을 마
음껏 하도록 자유를 주는 것이 유치원에서 이른 사회생활을 경험하는
것보다 더 값지게 느껴졌기 때문이다.

주위를 둘러보면 아이들을 몇 년씩이나 어린이집이나 유치원에 보내
는 부모들이 적지 않다. 엄마가 일을 하느라 어쩔 수 없이 보내야 하는
경우도 있지만, 개중에는 엄마가 집에 있으면서도 어린아이들을 유치
원 차에 태워 보내기도 한다.

아마도 자기 아이를 최고로 키우고 싶은 마음이 일찌감치 최고의 전
문가를 찾아 맡기는 것으로 표현된 것이리라. 하지만 목을 겨우 가누는
어린아이를 이른 아침부터 차에 태워 각종 이름을 붙인 교육원으로 데
리고 다니는 모습을 보면 지극한 모성이 느껴지기보다 그 엄마가 미처

알지 못하는 것이 있는 것 같아 마음이 아프다. 그럴 때마다 생각나는 이야기가 하나 있다.

시각장애인들에게 책을 읽어주는 자원봉사자들의 모임이 있었다. 봉사자 중에는 성우도 있고 국어교사도 있고 대학생도 있었는데, 하나같이 곱고 맑은 목소리로 열심히 시각장애인들에게 책을 읽어주었다. 그들 중에는 돋보기안경을 쓴 할머니 한 분도 있었다. 시각장애인들에게 물었다. 누가 책을 읽어주면 가장 기쁘고 행복하냐고. 그들은 한결같이 '안경 할머니'를 가리켰다. "왜 그런가요? 할머니는 글자를 떠듬떠듬 읽을 뿐만 아니라 읽을 때 입에서 냄새가 나기도 하는데요?"

그러자 그들은 합창하듯 말했다. "안경 할머니는 책을 읽을 때 우리 손을 잡아주거든요."

아이들이 원하는 것은 전문가의 유연한 몸동작과 매끄러운 목소리가 아니라 서툴더라도 정성이 듬뿍 배어 있는 엄마의 손길과 사랑이다. 나는 아이교육에 가장 좋은 선생님은 엄마라고 믿는다. 따라서 엄마가 아이를 돌보아줄 수 있는 상황이면 너무 일찍 유치원에 보내지 말라고 말하고 싶다. 또래친구들과 어울리며 사회 생활을 익힐 수 있다는 긍정적인 측면도 있지만, 가치판단을 하기에 너무 어린 나이에 여러 아이들과 섞이게 되면 다른 아이들의 잘못된 생활습관이 여과 없이 들어와 자리할 수 있기 때문이다. 부모의 올바른 교육과 바른 생활습관을 통해 나름의 가치기준을 조금이라도 세운 후 공동생활 속에 들어가야 다른 친구들의 그릇된 행동을 아무 생각 없이 받아들이지 않게 된다.

한편, 엄마의 직장문제로 보육기관에 의지할 수밖에 없는 경우도 많다. 이 경우엔 유치원에서 일어난 일에 대해 아이와 함께 이야기를 나누고, 아이의 생각과 행동을 주시하며 바르게 이끌어주려고 노력해야 한다. 여러 아이들을 살펴야 하는 선생님에게 내 아이를 전적으로 맡기는 것은 옳지 않다. 선생님은 어디까지나 내 아이를 키우는 데 도움을 주는 분일 뿐, 아이를 키우는 데 있어 방향을 잡고 이끌어가야 하는 사람은 어디까지나 엄마라는 사실을 잊어서는 안 된다.

Q 02 한글은 꼭 일찍 읽어야 할까요?

아이는 태어나면서 첫울음을 운다. 아이의 울음은 첫 번째 호흡이며 비로소 신체적으로 탄생했다는 신호다. 언어를 안다는 것은 사회인들끼리의 약속을 해독하는 것이므로 언어습득은 사회적 탄생을 의미한다. 나는 한글을 빨리 읽히겠다는 목적으로 주입식 학습을 무리하게 시키는 건 반대한다. 그러나 놀이나 동요를 통해 과정을 즐기며 아이도 엄마도 신나고 즐겁게 익힐 수 있는 방법이라면 적극 찬성한다. 이런 놀이를 통한 한글 공부는 아이에게 청각적 자극과 시각적 자극까지 주어 지능계발까지 덤으로 얻게 된다. 또한 아이와의 즐거운 접촉은 엄마와 밀착적 유대관계를 형성하고 아이를 정서적으로 안정시킨다.

한글 학습은 그 외에도 아주 중요한 것을 가능하게 한다. 낯선 곳으로 여행을 갔을 때 우리는 알고 있는 것만큼 보고 온다고 한다. 마찬가지로 한글을 몰랐을 때는 그냥 관심 없이 지나쳤던 많은 것들이 글자를 알고 나면 새롭게 보이기 마련이다. 그래서 예전엔 관심 없던 것들에 대해 아는 체를 하면서 의미를 묻게 된다. 새로운 것에 대해 호기심을 보이고 알려고 하는 것이다.

딸이 한글을 막 깨쳤을 때였다. 함께 길을 가면 50미터를 가는 데 30분도 더 걸렸다. 보이는 글자마다 묻는 바람에 하나하나 대답해주느라 그랬다. 한 살 어린 동생에게 누나는 척척박사였다. 동생이 고개를 갸웃대며 "누나, 저건 뭐야?" 물으면 "응, 저건 금성약국이야. 약을 파는 곳이야"라고 대답했고, 동생은 알았다는 듯이 "응~ 그렇구나" 하고 고개를 끄덕였다.

한번은 길을 가는데 딸이 물었다. "엄마, 저건 뭐예요?" 아이는 금연이라고 빨갛게 쓰인 글자를 보고 물었고, 나는 '담배를 피우지 말라'는 뜻이라고 대답해주었다. 한참 가다가 이번엔 주차금지라는 글자 앞에서 고개를 갸웃대더니 그 의미를 물었다. '이곳에는 차를 세우지 말라는 뜻'이라고 알려주었더니 아이는 고개를 갸웃하며 이렇게 물었다. "엄마, 근데 금자가 붙으면 뭐 하지 말라는 뜻이에요?" 놀란 내가 그 날 어머니께 이 일을 말씀드렸더니 어머니는 환히 웃으시며 "그래, 얘 고모가 어렸을 때 똑똑했다"고 하셨다. 나를 닮았다는 말씀까지는 아니어도 남편 닮았다는 말씀 정도는 해주실 줄 알았는데 시누이를 닮았다니 서운한 마음이 밀려왔지만 어쨌든 딸이 똑똑하다고 인정해주시니 감사했다.

한글을 읽게 되면 새로운 지식의 습득이 가능해질 뿐 아니라 아이들로 하여금 스스로에 대한 평가를 높일 수 있다. 아이들의 머릿속에 아무리 해박한 지식이 들어 있다 해도 취학 전 아이들의 학습 성취도를 평가할 땐 한글 해독능력과 숫자공부를 잣대로 삼기 마련이다. 세 살짜리 아이가 한글을 읽으면 주변에서 영특하다고 마구 칭찬하는데, 그 칭찬을 듣는 아이는 자신이 대단한 줄 알고 우쭐대게 된다. 이 심리를 자만심으로 빠지지 않게 잘만 보듬어 키워주면 자신감과 성취감으로 이어질 수 있다. 반면 7세가 되어도 한글을 읽지 못하는 아이는 다른 것을 많이 알고 있어도 겉으로 드러나는 바가 적으니 크게 인정을 받지 못해 열등의식으로 이어질 수 있다. 한글을 또래보다 일찍 익힌 아이는 자신감을 가지는 경향이 있어 이후 학습 시에 저력으로 작용하게 되어 놀라운 성취동기를 발휘하게 되고 잘 해낸다.

가끔 한글을 일찍 읽히는 것에 대한 악영향으로 엄마들이 이런 얘기를 한다. 글자를 너무 빨리 익히면 아이가 그림은 안 보고 글자에만 관심을 가지기 때문에 좋지 않다는 이야기를 들었다는 것이다. 물론 한글을 처음 읽게 되면 글자 읽는 데 관심이 가서 글자에 집중하게 되지만 오래지 않아 글자를 다 읽고 그 글자들이 말하는 의미와 그림을 연관시켜 보게 된다. 아이가 보지 않으면 엄마가 그림을 보며 아이의 시선을 예쁜 그림 속으로 끌어들여 이야기를 걸어주면 된다.

어떤 교육을 실천하려 할 때 그 과정을 따르는 것이 아이에게 꼭 이롭게만 작용하지 않을 수도 있다. 그러나 이익과 손해를 따져서 이익이 되는 부분이 더 크다면 그 교육은 행해져야 한다. 구더기가 두려워도 장을 담가야 하는 것처럼. 이른 한글 교육의 이익이 손해보다 크다는 것은 분명한 사실이다.

Q 03 생일이 빠른데 학교에
일찍 보내도 괜찮을까요?

어린아이 때는 생일이 한 달만 차이가 나도 발육 상태가 눈에 띄게 다르다. 그래서 자녀가 또래들에 비해 야물지 못하고 어설픈 것 같으면 초등학교 입학 시기를 늦춰 다음 해에 입학시키는 것이 낫지 않을까 고민하기도 한다. 하지만 나는 발달이 많이 뒤처지는 심각한 경우가 아니면 굳이 입학을 늦추지 않는 편이 낫다고 생각한다.

2008년부터는 연단위로 취학통지서가 나오고 있지만, 그전에는 1월이나 2월생 아이들은 또래보다 1년 빠른 7세에 취학통지서를 받았다. 3월에 태어나 입학하는 아이와 그다음 해 2월 말에 태어난 아이가 동급생이 되었는데, 그 둘은 거의 일 년 정도 차이가 난다. 그렇기 때문에 처음에는 다음 해 2월에 태어난 아이가 또래보다 많이 뒤처져 보일 수 있다. 그러나 학교에 적응하는 첫해만 그럴 뿐, 시간이 조금 지나면 별 문제없이 섞이게 된다. 오히려 다른 친구들보다 한 살 적은 것을 자부심으로 느낄 수도 있다. 한 살이 적은데도 같은 문제를 풀 수 있다는 데서 긍지를 가질 수 있다.

1월 말에 태어나 7세에 입학한 딸은 몸집도 키도 작아 걱정을 많이 했는데, 시간이 지나고 보니 엄마의 기우였다. 학교생활을 당차게 잘 해냈을 뿐만 아니라 또래들보다 생각이 깊다고 늘 선생님께 칭찬을 받았다. 게다가 친하게 지낸 친구들 중에서 7세에 입학한 아이가 여럿 있었는데, 거의 학급에서 우수한 축에 들었다. 그걸 보더라도 엄마들이 염려하는 만큼 나이와 학업성취도가 절대적인 관련을 갖는 건 아닌 듯하다.

오히려 엄마의 걱정이 지나치면 아이에게 좋지 않은 영향을 미칠 수도 있음을 새겨둘 필요가 있다. 또래들을 따라가지 못할까봐 학교에 늦게 보내면, 아이는 자칫 '내가 모자라서 한 해 늦게 입학하게 된 것은 아닌가' 하는 생각에 상처를 받을 수도 있다. 주변 사람들이 행여 자신을 그렇게 생각하지 않을까 염려한 나머지 소극적인 성격으로 변하는 것이다. 실제로 아이들은 아무것도 아닌 일에 민감하게 반응하고 고민한다.

아이가 밝고 활달하게 학교생활을 하기를 바란다면 부모가 욕심이나 걱정을 버리고 아이에게 평범한 환경을 갖추어 주는 것이 바람직하다.

사립학교가 좋은가요?
너무 비싸다고 하던데요

04

자녀를 잘 키우고 싶은 부모라면 누구나 사립학교에 보내는 것을 한 번쯤은 고민하기 마련이다. 학비가 전혀 들지 않는 국공립학교와 달리 매월 적지 않은 등록금을 납부해야 하는 만큼 사립학교에는 특별한 장점이 있을 것이라는 생각을 하기도 한다.

나의 경우, 큰아이가 초등학교에 입학하기 전, 사립초등학교 바로 앞으로 이사를 했다. 남들은 내가 맹모처럼 특별한 학교를 찾아 이사를 한 줄 알고 있지만, 사실 나는 이사하고 나서야 스쿨버스에서 교복을 입은 아이들이 타고 내리는 걸 보고 그 학교가 사립초등학교라는 것을 알았다. 그때까지만 해도 나는 사립학교에 대해 특별히 호감을 갖고 있지는 않았다. 그저 초등학교는 집과 가까운 데 있어야 한다고 생각했고, 일을 하고 있는 탓에 일일이 아이의 등하굣길에 동행해주기도 어려우니 저 혼자 안전하게 오갈 수 있는 가까운 학교가 좋다고 생각했다. 행여 바쁜 엄마가 미처 챙겨주지 못해 준비물을 빠뜨리고 가더라도 금방 집으로 달려올 수 있는 거리에 있는 학교이길 바랐다.

사립학교에 대해 관심이 많지도 않았는데 집 바로 앞에 사립학교가 있다는 사실은 한동안 나를 혼란스럽게 했다. 하지만 여느 아이들은 멀리서 차를 타고라도 오는 학교를 집 바로 앞에 둔 특혜를 외면하자니 왠지 손해 보는 기분이었다. 게다가 공립학교를 가려면 한참을 걸어야 했다. 생각해보니 사립학교를 보내는 것은 여러 가지로 이점이 많은 것 같았다. 초등학교 1학년 때부터 급식을 하고, 공립학교보다 하교시간이 늦으니 나처럼 일을 하는 엄마에겐 더 나을 것 같았다. 엄마가 챙겨주지 못하는 여러 활동을 학교에서 접해볼 수 있으리라는 생각도 들었고, 교복을 입으니 옷값도 절약될 것 같았다. 여러 가지로 계산을 해본 결과 사교육을 시키지 않고 학교교육만 시키겠다고 다짐했던 내 계획에 사립학교야말로 딱 맞아떨어졌다. 그래서 남편의 반대를 물리치고 큰아이와 둘째 아이를 사립학교에 보냈다.

비록 두 아이를 사립학교에 보냈지만 교육비는 그다지 많이 들지 않았다. 사교육을 전혀 시키지 않았으므로 학교 등록금 내는 것이 교육비 지출의 전부였던 것이다. 사실 사립학교 등록금은 그렇게 큰 액수는 아니다. 사교육을 시키지 않으면 충분히 감당할 수 있는 정도다.

사립학교 교육비가 많이 드는 이유는 학교에서 하는 다양한 활동에 맞춰 여러 가지 사교육을 시키려는 엄마들의 욕심 때문이다. 예를 들어 사립학교 교과과정에는 여름에 수영수업 몇 시간, 겨울엔 스케이트 수업 몇 시간이 포함되어 있는데, 학교에서 기초부터 꼼꼼히 가르쳐주지는 않는다. 몇 번 수업을 하고는 마지막 수업이 끝나면 테스트를 보는

데, 그 테스트에서 뒤처지지 않게 하려고 미리 개인레슨을 하는 것이다. 그러다보면 자연히 사교육비가 증가할 수밖에 없다.

우리 아이들은 평균 정도 했는데, 따로 레슨을 하지 않았다. 운동은 운동으로 즐기면 되지 모든 것에 뛰어나게 가르칠 생각은 없었다. 그 대신 운동시킬 요량으로 여름방학엔 수영장에서 단체강습을 한 달 받았고 겨울방학엔 대공원에서 스케이트 강습을 한 달 받았다. 어렸을 때의 체육활동은 기초체력을 위한 것이지 시험에서 좋은 성적을 받고자 하는 욕심으로 해서는 안 된다는 것이 내 생각이다.

내가 의도한 옷값 절약도 딱 맞아떨어졌다. 교복을 입으니 아침마다 무슨 옷을 입혀야 할지 고민하지 않아도 되고 또 아이가 무슨 옷을 입어야 할지 알고 있으니 준비시간이 단축되어 좋았다.

학습의 질이라는 면에서 공립과 사립의 수업은 큰 차이가 나지 않는다. 공립이나 사립이나 초등과정에서 가르쳐야 하는 교과과정은 같다. 다만 사립학교는 학교장의 재량에 따라 조금씩 색다른 교육 방침을 세우고 자체적으로 이끌려는 성향이 있어 더 좋아 보일 수 있지만, 잘 살펴보면 공립학교도 별반 다르지 않다. 이전에는 공립의 경우 학생 수도 많고 점심 급식도 하지 않아 사립학교와 뚜렷한 차이가 있었지만, 요즘은 공립학교도 1학년부터 급식을 하고 학생 수도 사립학교보다 많지 않다. 또 방과 후 활동 등 저렴하고 다양한 프로그램들이 준비되어 있다. 그래서 막내는 집 바로 앞의 공립학교를 보냈고, 학교 도서관을 이용하거나 방과 후 활동에 참여해 저렴한 교육비로 질 좋은 교육을 받고 있다. 아침마다 손잡고 교문 앞까지 데려다주며 손을 흔들어주는 잠깐

데이트도 학교가 멀지 않으니 가능하다. 굳이 먼 사립학교로 차를 태워 보내려는 엄마가 있다면 가까운 공립학교로 보내고 사립학교 등록금으로 아이의 적성에 맞는 특기교육을 시키는 게 낫다고 말하고 싶다.

사립학교에 보내는 것만으로 아이의 교육이 저절로 이루어지는 것은 아니다. 사립학교엔 경제적으로 여유 있는 집 아이들이 대부분이어서 과목별로 과외 공부를 하는 아이들이 많았다. 엄마들의 열성이 공립학교에 비해 높은 것도 사실이다. 하지만 그렇다고 사립학교 아이들이 모두 공부를 잘하는 건 아니었다. 사립이든 공립이든 어디나 학습부진아와 영재가 함께 존재하기 마련이고, 부모가 별도의 등록금을 낸다고 교사가 모든 아이들을 다 이끌어 줄 수 있는 것도 아니다. 아이들의 차이는 학교가 아니라 부모의 교육관이 만든다. 엄마가 바빠 늘 곁에 있어주지 못했는데도 딸은 스스로 공부하며 사교육 하나 없이 늘 두드러졌다.

결론적으로 말하면 초등학교는 집에서 가장 가까운 학교로 보내는 것이 최고다. 만일 사립학교에 보내더라도 이리저리 사교육 열풍에 휘말려들지 않고 확고한 교육철학을 가지고 있어야 한다. 그러면 교육비 부담 없이 특성화된 좋은 교육을 받을 수 있다. 나는 두 아이가 다녔던 사립학교에도 만족했고, 막내가 다니는 공립학교도 대만족이다.

Q 05 사교육하는 옆집을 보면 우리 아이만 처지는 게 아닌지 불안해요

 평촌 강의를 마치고 구의동 사무실로 돌아오는 길이었
다. 평촌에서 외곽순환도로로 접어든 다음에는 눈감고
도 찾아갈 만큼 훤했지만 순환도로로 올라타는 과정이
익숙하지 않은 탓에 늘 내비게이션을 켜고 다녔다. 그 길은 아버님과 장
보러 가락시장, 모란시장을 수도 없이 다닌 길이었다. 그런데 가락시장
조금 못미쳤을 때, 갑자기 내비게이션이 유턴하라고 상냥하게 말하는
것이었다. 웃음이 절로 나왔다. '웃겨. 더운 여름도 아닌데 이 기계가
더위 먹었나 참.' 무시하고 조금 더 직진을 하니 또 말했다. "20미터 앞
에서 유턴 하세요." 만일 바쁘지만 않았다면 도대체 어디로 가란 말인
지 호기심이 발동해서 따라가 보았을 텐데 바쁜 탓에 계속 직진을 할 수
밖에 없었다. 그런데 조금 더 지나니 속도를 지키며 계속 직진하라고 말
하는 것이었다. 이제야 제정신으로 돌아온 것이다.

그날 내가 상냥한 내비게이션의 목소리를 철저히 무시하고 앞으로 나
갈 수 있었던 건 가야 할 방향을 확실히 알고 있었기 때문이다. 만일 내

가 그 길을 알지 못하고 전적으로 내비게이션에 의존해서 가고 있었다면, 아마 나는 방향을 잃고 한참을 헤매었을 것이다. 아이 키우기도 마찬가지다. 교육의 큰 줄기를 볼 줄 알아야 작은 바람에 흔들리지 않는다. 스스로 알아서 공부하고 주변을 배려할 줄 아는 지혜로운 아이로 키우기 위해 반드시 사교육 기관을 거쳐야 하는 것은 아니다. 아이 교육에 50만 원을 투자하는 엄마가 5만 원을 투자하는 엄마보다 10배 더 교육을 잘 시키는 것은 결코 아니라는 말이다. 유명강사가 가르치는 값비싼 교육기관을 찾아다니는 엄마보다 아이를 무릎에 앉히고 밝은 목소리로 동화책을 읽어주는 엄마가 아이에게는 더 좋은 엄마다. 내 아이에게 투자하는 교육비가 다른 사람에 비해 적다고 절대 불안해할 필요가 없다. 정말 주의해야 할 것은 다른 엄마에 비해 얼마나 다정한 목소리로 정성을 다해 책을 읽어주고, 아이가 물어보는 말에 성의껏 대답해주려고 노력했나 하는 것이다.

나는 엄마들 사이에서 간 큰 엄마였다. 모두들 이곳저곳 정신없이 학원을 찾아 보낼 때 나는 여유 있게 아이와 놀았다. 기초체력을 기르기 위해 여름방학이면 수영, 겨울방학이면 스케이트를 한 달 배우게 했고, 피아노를 좋아해 피아노 레슨을 받게 하는 정도였을 뿐 학습과 관련된 사교육은 따로 하지 않았다. 그 대신 책을 읽고 일기를 쓰는 일은 하루도 거르지 않고 하게 했다. 훗날 정말 중요한 학습의 기초가 될 독서 시간을 확보해주기 위해서였다. 나는 아이가 커서 받게 될 교육의 핵심을 알고 있었기에 다른 엄마들과 달리 의연하게 내 고집대로 밀고 가며, 앞으로의 학습을 준비할 수 있었다.

잔가지가 많은 나무는 그 잔가지로 양분을 다 빼앗겨 큰 줄기가 자랄 수 없다. 교육을 잘 시키는 좋은 엄마가 되고자 하는 성급한 마음에 남들 하는 대로 따라 하다보면 아이들을 잔가지만 많은 나무로 만들기 쉽다. 아이가 이제 세 살이라 해도 엄마는 열세 살의 교육이 어떻게 이루어지는지를 눈여겨보며 교육의 큰 맥락을 그려야 한다. 방향이 곧게 잡히면 중심이 잡혀 주변의 작은 소리에 초조해하거나 불안해하지 않게 된다. 잘못 안내하는 내비게이션의 소리에 초연할 줄 아는 여유가 생기는 것이다.

영어공부, 처음 시작할 땐
어떻게 하면 좋을까요?

어린아이가 한글을 익히는 과정을 생각해보자. 아기가 태어나 가장 먼저 듣게 되는 말은 모국어다. 주변 사람들이 하는 말을 계속 듣다보면 자연스럽게 말을 하게 되고 읽게 되며 맨 마지막으로 쓸 수 있게 된다. 외국어를 익힐 때도 마찬가지다. 모국어가 아닌 영어를 익히기 위해서는 영어를 많이 들어야 한다. 수다쟁이 엄마에게서 자란 아이가 말문을 빨리 트는 것처럼 언어샤워의 원칙은 영어학습에도 예외가 아니다.

영어로 된 동요와 동화를 들려주고 아이들이 좋아할 만한 만화영화 비디오를 반복해 보여주기만 해도 아이들은 제법 따라 흥얼댄다. 그렇게 영어와 익숙해지면 자막 없이 영어로 듣는 것도 재미있어 한다.

실제로 나는 아침에 일어나 습관처럼 영어 테이프를 틀어놓았다. 그러면 아이는 머리를 묶고 아침밥을 먹으면서 듣는 둥 마는 둥 영어동화를 흘려들었다. 자투리 시간이 날 때마다 틈틈이 다른 일을 하면서 별 생각 없이 듣기만 했는데도 점차 시간이 지나자 흘려들었던 말을 무의

식중에 뱉어냈다.

흘려듣기의 가장 큰 이점은 익숙해지게 만든다는 점이다. 생선을 먹고 자란 아이가 커서도 생선 요리를 좋아하는 것과 마찬가지로 오랫동안 영어에 노출된 아이는 영어를 자연스럽게 받아들이게 된다. 엄마의 목소리로 들려주는 것도 좋고 테이프나 비디오를 통해도 좋다. 가랑비에 옷 젖듯 아이에게 스며든 영어는 금세 익숙한 친구가 된다.

테이프와 비디오에 의존하던 시대에서 24시간 원어민의 소리를 접할 수 있는 인터넷 시대가 열린 것은 아이들의 영어교육에 획기적인 사건이 아닐 수 없다. 무료로 영어를 교육하는 채널이 따로 있을뿐더러 무료로 이용할 수 있는 영어동화 사이트는 셀 수 없이 많다. '엄마표' 영어를 꿈꾸는 사람들을 위한 영어 카페나 블로그는 언제나 친절한 언니처럼 도움을 주려고 기다리고 있다. 자녀교육에 쏟을 정성만 있다면 이제는 '자녀교육비 제로'의 시대가 열렸다고 나는 감히 장담한다.

인터넷 시대에 태어난 막내는 어릴 때부터 인터넷으로 영어동화를 들었다. 듣기는 언어습득에 있어 가장 먼저 선행되어야 하는 것이므로, 영어와 친숙하게 해준다는 마음으로 묻지도 가르치지도 않고 그저 듣게만 해주었다. 그렇게 별도의 영어학습을 하지 않았는데도 지금 막내는 영어 듣기에 한 시간 이상을 집중할 수 있다. 듣기가 되면 다음 순서로 말이 나오게 된다. 소리로 들은 후엔 동화책을 읽었다. 따로 발음을 공부할 필요도 없이 테이프나 인터넷을 통해 글을 보면서 듣기에 집중하면 어느새 자연스럽게 읽을 줄 알게 된다.

아이들에게 영어를 가르칠 때 처음부터 단어의 의미를 일일이 말해주거나 문법적으로 설명해줄 필요는 없다. 아이들은 어른들이 상상할 수 없을 만큼 천부적으로 언어적 천재성을 갖고 태어나기 때문이다. 굳이 설명해주지 않아도 아이들은 동화 속 그림을 보면서 마음껏 내용을 상상하고 그 속에서 나름대로 의미를 유추해낼 수 있다. 생각하는 능력이 점점 자라면서는 그만큼 이해도 빨라진다. 따라서 성급히 학습하려는 목적으로 접근하지 말고 그저 많이 들려주고 보여주며 즐겁게 상상할 수 있도록 두어야 한다. 책읽기 좋아하는 아이로 키우기 위해서 처음부터 독후감 쓰기를 강조하면 안 되는 것처럼, 영어동화책을 읽을 때도 문법에 맞게 분해하고 설명하는 식으로 접근해서는 안 되는 것이다. 아이가 영어와 어느 정도 익숙해져 스스로 궁금한 것을 물어오기 전까지 엄마는 아이가 자연스럽게 주변에서 영어를 마주칠 수 있도록 하는 데에만 신경을 쓰라고 말하고 싶다.

이제 우리 아이들에게는 영어가 단지 문법과 단어를 암기해 시험을 치르는 도구가 아니다. 세계 속의 인재가 되기 위해 영어는 우리말처럼 평생 사용해야 할 언어이기 때문에 어릴 때부터 모국어처럼 친숙하게 만들어주는 것이 가장 중요하다.

영어 유치원에 보내면 효과가 있나요?

07 Q

 너나 할 것 없이 영어 유치원에 보내는 게 유행처럼 번지고 있다. 갈수록 영어의 중요성이 강조됨에 따라 교육열이 넘치는 엄마들은 비용이 얼마가 되든 아랑곳하지 않는 추세다.

영어를 잘하려면 영어를 쓰는 환경에 자주 노출하는 것이 유리하다. 영어를 전문으로 하는 유치원은 학습방법이 '놀이'가 중심이 되므로 아이들이 친근하고 자연스럽게 영어에 익숙해질 수 있다. 따라서 경제적 여유가 있다면 영어 유치원에 보내는 것도 그리 나쁘지 않다고 생각한다. 그러나 과연 투자한 만큼 효과를 얻을 수 있느냐는 점에서는 확신하기 쉽지 않다.

많은 엄마들이 다른 것은 직접 가르치겠는데 영어는 못하겠다고 한다. 아무래도 영어는 전문가가 가르쳐야 한다고 생각하는 것이다. 그러나 내 생각은 다르다. 언어습득은 처음부터 '가르치는 것'으로 시작하는 것이 아니다. 우선 그 언어가 익숙해질 만큼 충분히 듣는 과정이 선행되어야 한다. 아이들은 듣기, 말하기, 읽기, 쓰기 순서로 언어를 배우기 때문이다.

그러므로 시작 단계에서는 집에서 테이프를 들려주고 비디오를 보여주어 영어환경에 젖게 해주는 것만으로도 충분하다. 요즘에는 인터넷을 이용하여 얼마든지 쉽게 영어동화와 동요를 찾을 수 있다. 또 영어만 전문으로 교육하는 TV방송도 있어 마음만 먹으면 얼마든지 집에서 '엄마표' 영어를 할 수 있다. 그렇게 집에서 다양한 영어 환경을 접하면서 한두 마디로 표현할 줄 알고 어느 정도 쉬운 말은 알아듣는 수준이 된 후에 원어민이 가르치는 영어 학원을 이용한다면, 학습 효과 면에서도 바람직할 뿐만 아니라 많은 비용을 줄일 수도 있다.

모두가 다닌다고 우리 아이도 꼭 거쳐 가야 하는 것은 아니다. 영어를 잘하는 아이로 키우는 길은 다양하다. 그중에는 분명 엄마와 즐겁게 놀면서 할 수 있는 길이 있다. 게다가 어떤 과목이든지 그 나이 때 가장 좋은 선생님은 바로 엄마라는 점을 명심하길 바란다.

우리 아이 처음 하는 수학공부, 무엇으로 시작해야 하나요?

고등학생 몇 명을 데리고 컴퓨터로 화상수업을 할 때였다. 영어 문제를 내주고는 학생들에게 정답을 찾아 귓속말로 내게 보내라고 말했다. 공개적으로 답을 보내면 스스로 생각해보지도 않고 남의 답을 보고 적을까 염려해서였다. 한 아이가 4번이라고 답을 보낸다. 그러더니 조금 후 다시 귓속말이 들어온다. "죄송해요 선생님. 저 3번으로 바꿀래요." 그러고는 다른 아이들이 답을 보낼 동안 계속 고민하는 듯하더니 다시 귓속말을 보낸다. "선생님, 죄송해요. 저 그냥 처음 했던 그 답으로 할게요."

화상카메라로 본 아이의 표정에는 고민한 흔적이 역력했다. 안타까운 마음과 함께 나도 모르게 웃음이 픽 새나왔다. 정답은 4번도 3번도 아닌 1번이었던 것이다.

아이의 수학공부에 관해 엄마들에게 받는 질문도 이와 비슷하다.

"선생님, 수학공부를 시작해야겠는데 어떤 학습지가 좋은지 모르겠어요. N사 학습지가 좋을까요? K사 학습지가 좋을까요?"

아예 선택답안을 만들어 객관식으로 질문한다. 하지만 둘 다 답은 아니다.

처음 수학을 배울 때에는 수 개념을 정확히 확립하는 것이 중요하다. 구체물을 '양'으로 세면서 '2'가 '두 개'이고, '3'이 '세 개'라는 것을 분명히 익혀야 한다. 방문교사가 숫자를 반복해 일러주며 외듯 익히는 방법으로는 사고력과 응용력을 길러낼 수 없다.

내가 권하고 싶은 방법은 유아용으로 제작된 학습지를 방문교사 없이 엄마랑 아이가 함께 푸는 것이다. 몸에 맞지 않는 어른 옷을 아이에게 입히면 신체의 움직임이 둔해지고 발육에 문제가 생기는 법이다. 아이에게는 아이에 맞게 제작된 학습지를 풀게 해야 한다. 흰색 종이에 검은 색 숫자만 나열된 얇은 종이 학습지보다는 다채로운 색깔과 알록달록한 모양으로 재미있게 구성된 톡톡한 재질의 전문 유아 학습지가 아이들에게 맞는 옷이다. 이왕이면 유아기에 필요한 다양한 교육 프로그램이 잘 혼합되어 있는 종합학습지가 좋다. 수학을 잘하려면 단지 수학만 공부하는 것이 아니라, 전체적인 사고능력을 길러주는 것이 무엇보다 필요하기 때문이다. 이는 훌륭한 수영선수나 역도선수가 되기 위해서 수영과 역기 들기만을 연습할 것이 아니라 달리기 같은 운동으로 기초체력을 단련시켜야 하는 것과 같은 이치다.

방문교사가 없는 유아용 학습지를 선택해야 하는 가장 중요한 이유는 처음 수학공부를 시작하는 아이에게 가장 알맞은 교사는 엄마이기 때문이다. '유아'라는 특성상 쉽고 재미있게 접근해야 하고, 자연스럽게 생활 속에서 수를 익혀가야 하는데, 일주일에 겨우 10분 정도 아이와 만나는 선생님이 그 역할을 하기는 쉽지 않다. 방문교사가 없는 학습지의 경우엔 그 주의 학습목표가 자세히 제시되어 있고 학습 시 주의할 사항까지 친절하게 적혀 있다. 엄마는 학습목표에 맞춰 그 주에 가르쳐야 할 학습내용을 자연스럽게 생활 속에서 익혀주기만 하면 된다. 함께 학습지를 공부하면 아이와의 공감대를 형성하기에도 좋다.

그런데 반드시 종이학습지 앞에 아이를 앉혀놓아야 수학공부를 한다고 생각하는 건 잘못이다. 처음 수학을 맛보게 하는 과정에서 가장 중요한 것은 '수란 우리 생활 속 어디에나 있는 것으로 재미있는 것'이라는 인식을 심어주는 것이다. 유심히 둘러보면 수와 연결되지 않는 게 없을 정도로 수는 우리 생활 속에 가까이 있다. 방울토마토를 먹을 때 세어보면서, 아파트 계단을 올라갈 때 세어보면서, 텔레비전 리모컨으로 채널을 바꾸면서도 얼마든지 수를 익힐 수 있다.

수를 익히기 위해서는 반드시 생활 속에서 구체물을 통해 하나 둘 세어가며 '양'으로 익혀야 한다. 어떤 방문교사는 아이에게 손을 사용하지 못하게 하거나 심지어 시간을 재면서 빠른 시간 내에 풀기를 재촉하기도 한다. 그러나 손가락은 덧셈, 뺄셈을 하라고 신이 내려주신 고마운 도구다. 아이의 손가락만으로 부족하면 엄마의 손가락도 보태주며 수를 익히게 해주어야 한다.

엄마와의 재미있는 놀이 속에서 하나 둘 세어가며 칭찬받는 즐거움으로 수 공부를 좋아하게 된다면 그것이야말로 진정한 꿀맛교육이 아닐까?

피아노를 가르치는 게 좋은가요?

취학 전에 피아노를 배우는 것이 속셈학원을 다니는 것보다 수학공부에 더 큰 도움이 된다는 연구결과가 있다. 피아노는 양손을 사용하므로 좌뇌와 우뇌를 고루 발달시킬 뿐 아니라 박자를 지키는 과정에서 길이를 나누는 분수의 개념을 익히게 해 수학공부에 큰 도움을 준다는 것이다. 또 피아노 교습은 언어공부와도 밀접한 관련을 가지고 있다. 음악과 언어학습을 관장하는 뇌는 같은 부분이며, 둘 다 듣기에 집중해야 하고 '문법과 리듬'이라는 규칙을 익혀야 하는 점 등이 유사하다는 것이다.

그러나 수학공부나 언어학습, 지능발달을 위해 피아노를 가르치는 엄마는 드물 것이다. 아이들에게 악기를 가르치는 이유는 대부분 음악을 통해 정서적으로 풍부한 삶을 살 수 있도록 배려하기 위함일 것이다.

딸은 영어나 수학 같은 학원은 다니지 않았어도 취학 전부터 시작해 중3이 될 때까지 10년 동안 피아노를 배웠다. 나는 딸이 피아노를 치는 모습을 보며 피아노가 딸의 평생 친구가 되어줄 거라 생각하고 기뻤다.

악기란 실력과 상관없이 하나씩 다룰 줄 알면 살아가는 데 참으로 커다란 힘이 된다는 걸 나는 체험으로 알고 있었다. 나는 대학시절 기타가 배우고 싶어 기타를 사서 독학하여, 내가 원하는 노래 정도는 반주할 수 있게 되었다. 그때 배운 기타 연주는 아이를 키우면서 많은 도움이 되었다. 동요를 그냥 부르는 것보다 기타를 쳐주면 한결 분위기가 좋았다. 가족들의 중요한 기념일엔 기타를 이용해 노래도 몇 곡 지었다. 좋아하는 시에 반주를 넣어 낭송하기도 하고 우울할 땐 슬픈 노래를 기타반주로 부르기도 했다. 내게 기타가 그러하듯 딸에게 피아노도 그럴 거라 믿고 행복하게 바라보았던 것이다. 실제로 딸은 힘들 때나 슬플 때 피아노를 치며 감정을 달랬다.

비교적 시간이 많은 10세 이전에 악기 하나 정도는 가르치라고 말하고 싶다. 그리고 상황이 허락된다면 주 1, 2회 정도 계속해서 악기를 공부하라고 권하고 싶다. 배우는 과정이 심화되면서 악보도 복잡해지기 마련이다. 그 과정을 차근차근 밟아가는 것도 인내력과 지구력, 끈기를 기르는 학습과정이기 때문이다.

대부분 고학년이 되면서 취미로 시작한 악기공부는 끝을 낸다. 아이에게 계속해서 악기를 배울 수 있게 하려면, 공부하는 틈틈이 시간을 확보할 수 있도록 엄마가 처음부터 확실하게 학습습관을 만들어주는 것이 중요하다.

선생님께 촌지 보내는 것을
어떻게 생각하세요?

아이가 초등 저학년이었을 때의 일이다. 평소 친분이 있던 아이 친구 엄마에게 전화가 왔다. 선생님께 촌지를 드렸더니 조금도 머뭇거리지 않고 바로 받았다며, 예상은 했지만 소문대로라고 투덜거렸다. 전화기 저편 그녀의 표정이 어떨지 그려졌다. 보나마나 선생님에 대한 실망으로 잔뜩 일그러진 채 나의 동의를 구하는 눈빛이었을 거다. 나는 그녀의 행동이 참 어른답지 못하다고 생각했지만, 나를 편하게 여겨 사실대로 말하는 사람에게 냉정하게 잘못된 점을 지적할 수 없어 그녀가 무안해하지 않도록 부드럽게 말했다. "선생님이 돈을 달라고 요구하지 않았는데 알아서 주고는, 그 돈을 받았다고 투덜거리는 건 옳지 않다고 생각해요. 선생님은 엄마 입장을 생각해서 마지못해 받으셨을지도 모르는데… 차라리 선생님 마음에 들 만한 걸 정성껏 골라 선물하지 그러셨어요? 그러면 서로 주고받으며 고마워하는 마음이 더 들었을 것 같은데."

시부모님을 모시고 살다 보면 비위 맞추기가 쉽지 않다. 잘하면 당연한 일이고, 조금이라도 실수를 하거나 소홀하면 비난받기 십상인데, 아이들을 가르치는 선생님도 똑같은 입장인 것 같다. 묵묵히 자신의 자리에서 열심히 아이들을 가르치는 선생님들에게는 하늘에서 부여받은 숭고한 직업이니 당연하다며 대단하게 여기지 않는 반면, 매스컴에 일부 선생님들의 그릇된 행태가 보도되면 전체 선생님들에 대해 좋지 않은 이미지를 거론하는 것이다.

아이를 학교에 맡긴 학부모로서 선생님들께 감사의 마음을 갖는 건 당연한 일이다. 그리고 그 마음을 표현하는 것 또한 결코 나쁜 일이 아니다. 문제는 표현하는 방법과 시기 그리고 선물을 하는 학부모의 마음가짐이다. 내가 하려는 표현이 감사의 마음에서 우러나온 것인지 아니면 내 아이만 예쁘게 잘 봐달라는 대가성 뇌물인지 잘 헤아려 보아야 한다.

아이의 성격이 원만하지 못하고 학업도 제대로 따라가지 못하는데 부모가 찾아와 우리 아이를 잘 부탁한다는 말과 함께 뭔가를 건네면, 그날부터 교사는 힘들어진다. 부모 입장에서는 아무 의도 없는 감사인사라고 하더라도 인격을 갖춘 선생님 입장이라면 자존심에 큰 상처가 될 수도 있다.

큰아이가 입학을 할 당시에도 매스컴이 촌지 사건으로 떠들썩했기에 나는 나름대로 방침을 마련했다. 우선 학기 중엔 절대 감사의 마음을 물질로 나타내지 않는다는 것이었다. 학기 초에 선생님에 대한 파악도 제대로 되지 않은 상태에서 감사의 마음이 생기기도 전에 뭔가를 표현하는 건 대가성 선물이 되어 받는 사람을 고통 속에 빠뜨릴 수 있기 때문이다.

스승의 날에는 아이와 함께 직접 종이꽃을 접고 바구니를 만들어 감사인사를 드렸다. 덕분에 아이는 스승을 공경하고 정성을 다하는 엄마의 마음을 읽고 선생님을 하늘처럼 여기고 따랐다.

한 학년 과정이 다 끝날 즈음, 그동안 지도해주신 선생님께 감사의 마음을 표현하고 싶어지면, 간단한 선물을 마련해 편지와 함께 드릴 거라 계획했다. 다행히 전 학년 동안 모두 좋은 선생님을 만나 항상 감사한 마음이었고, 실제로 학년이 끝날 즈음에는 꼭 인사를 드렸다. 시집이나 에세이를 예쁘게 포장해 드리거나 마땅히 책을 고르기 힘들 때는 책을 두어 권 살 수 있는 정도의 도서상품권을 감사편지와 함께 드렸더니 매우 고마워하셨다.

선물은 꼭 하지 않아도 되지만, 감사의 편지는 정말 중요하다. 일 년 동안 열심히 아이들을 가르치고 끝마무리 할 즈음 학부모에게서 감사의 편지를 받으면, 선생님들은 그 어떤 표창장을 받은 것보다 행복해하고 뿌듯해하신다. 그 기쁨은 돈으로 환산할 수가 없을 것이다. 내 생일날 어떤 선물보다 아이들의 편지 한 장이 훨씬 소중하고 값졌듯이 대부분의 선생님도 촌지보다는 마음을 담아 정성껏 적은 감사편지 한 통을 더 소중하게 여길 거라고 나는 확신한다.

선생님을 정말 고맙게 생각한다면 촌지봉투 하나 달랑 건네고 아이에게 무관심할 게 아니라, 수업시간에 필요한 준비물을 잘 챙겨주고 예습복습에 신경써주며 스승에 대한 존경과 감사의 마음을 갖도록 가르치는 것이 더 바람직하다고 생각한다.

우리는 누구에게든 감사의 마음을 갖게 되면 인사를 하고 싶어진다.

선생님이라고 굳이 그 대상에서 제외되어야 한다고 나는 생각하지 않는다. 다만 선생님은 내 아이만 가르치는 분이 아니니 좀 더 조심할 필요가 있다. 주는 마음과 받는 마음이 모두 즐겁고 행복하도록 마음의 선물을 드리는 것이 좋다. 시골에서 부모님이 농사지어 보내주신 참기름이나 고구마를 드셔보라고 드리면, 드리는 사람도 받는 사람도 행복해진다. 그러나 현실은 유감스럽게도 고사리 같은 손으로 카네이션을 달아드리는 것조차 금하려고 스승의 날에 휴교를 하는 사태까지 가버렸다. 사제지정의 미풍양속을 지닌 우리나라답지 못한 일이다. 단언컨대 아이들을 키우며 촌지와는 거리가 먼 엄마였지만, 그로써 아이들이 불이익을 받은 적은 단 한 번도 없었다. 시냇물을 흙탕물로 만드는 건 미꾸라지 서너 마리다.

2

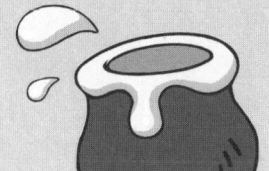

가르치는 데에도
방법이 있다

아이를 잘 키우고 싶은데
방법을 모르겠어요

Q 10

어린 자녀를 둔 어머니들을 강의실에서 만나보면 눈동자가 살아 있다. 저마다 아이를 잘 키우겠다는 바람을 가득 담고 오늘은 어떤 유익한 이야기를 듣게 될까 기대하는 눈빛이다. 강의 중에 나는 이런 이야기를 한다. 오늘 강의를 들으러 오신 어머니들은 오시지 않아도 되는 어머니라고. 꼭 오셔서 들어야 하는 어머니들은 이런저런 핑계를 대며 따뜻한 방에 누워 있고 스스로 알아서 잘하는 어머니들은 더 좋은 정보를 기대하며 관심을 가진다고.

필요는 발명의 어머니라는 말이 있다. 아이를 잘 키워보겠다는 마음이 강하면 이미 반은 그 방법을 알게 된다. 아이를 잘 키우는 방법을 모른다고 걱정할 필요는 없다. 방법은 아주 간단하니까 말이다. 누구도 엄마연습을 해보고 엄마가 되는 것은 아니니 먼저 아이를 키운 사람들의 이야기를 잘 듣고 배우면 된다. 내 아이에게 적용해볼 만한 정보가 있는지 살펴보고 적어서 실천하면 된다. 육아 책을 읽고 강의도 들으면서 최대한 시행착오 없이 아이를 키우려고 노력하면 되는 것이다.

물론 아이마다 개인차가 있고 환경이 다르기 때문에 내 아이에 맞게 응용해야 하는 건 당연하다. 가장 경계해야 할 것은 '아이는 저절로 큰다'라는 생각과 '좀 자라서 필요하면 관심 가지지' 하는 식의 태도다. 교육은 건강과 비슷하다. 잃고 나서야 나쁜 증상이 나타나고, 회복하려면 많은 시간과 노력이 필요하기 때문이다. 항상 배우려는 자세로 아이를 먼저 키운 선배에게 겸허히 묻고, 알려는 자세를 갖는 것이 아이를 바르게 키우는 첫 번째 방법이다.

그리고 또 하나 중요한 방법은 아이와 친밀한 관계를 형성하는 것이다. 엄마가 되면 누구나 그렇듯이 나도 아이를 잘 키워보고 싶은 소망을 가지게 되었다. 어떻게 하면 바르고 영리한 아이로 잘 키울 수 있을까 생각하는데 문득 친정 엄마가 떠올랐다. 곰곰이 생각해보니 세상에서 가장 쉽고도 현명하게 엄마 역할을 하신 분이 우리 엄마 같았다.

엄마는 나를 키우시면서 한 번도 공부하라고 말씀하시지 않았는데 나는 알아서 했다. 객지로 대학을 보내놓고도 "데모하지 마라, 저녁 굶지 마라, 집에 일찍 들어와라"하고 잔소리 하지 않으셨는데 나는 알아서 공부했고, 자취를 하면서도 굶지 않았고 밤늦게 돌아다니지도 않았다. 엄마를 너무 좋아했기 때문이었다. 엄마를 좋아하니 엄마가 뭘 원하실까 생각하게 되었고 엄마를 기쁘게 해드리기 위해 엄마 마음에 들도록 행동하게 되었다. 엄마는 공부 열심히 하고 선생님 말씀 잘 듣고 모범적으로 살아가는 걸 좋아하신다고 알고 있었기에 그렇게 했다.

자녀교육의 해법을 찾아낸 나는 무릎을 탁 쳤다. 나도 아이를 낳으면 그 아이가 나를 너무 좋아해서 배신하지 않도록 키워야겠다고 생각했다. 나를 좋아하기만 하면 아이는 일일이 잔소리 하지 않아도 엄마를 기쁘게 해주기 위해, 내가 바라는 대로 바르게 살아갈 거라고 생각했다.

그리고 나는 자신에게 물었다. '나는 왜 엄마를 좋아할까?' 곧 답이 나왔다. 그것은 바로 엄마가 나에게 보여주신 변함없고 지극한 사랑 때문이었다. 풍족한 환경은 아니었지만 엄마는 할 수 있는 최선의 사랑을 나에게 보여주셨다. 세상을 꽤 살아낸 지금의 눈으로 보아도 맑은 아름다움을 갖고 계신 우리 엄마, 내가 정말 닮고 싶은 여인이다.

엄마 스스로 바르게 살려고 노력하는 것, 아이가 그런 엄마의 모습을 진심어린 마음으로 따르고 좋아하게 하는 것. 그래서 엄마 뜻에 어긋나지 않게 살아가려고 노력하는 아이가 되게 하는 것. 이것이 내가 터득한, 가장 쉽게 아이를 키우는 방법이다.

우뇌 학습법이란 무엇인가요?

아이들 어렸을 때 자주 했었던 놀이 중에 낱글자를 듬성
듬성 섞어 문장을 만드는 놀이가 있었다. 우리말과 영어
를 공부할 때 자주 이용했는데, 아이들이 보는 학습지에
서 사과와 강아지, 우산 그림을 오려 스케치북에 붙인 다음, 그림을 보
면서 그 이름이 한 번씩 들어가게 문장을 만드는 놀이였다. 아이들은 처
음엔 떠듬떠듬 하더니 금세 익숙해져서 문장을 잘도 만들어냈다.

"맛있는 '사과'를 사려고 엄마와 시장에 갔어요. 비가 와서 '우산'을
들고 갔지요. '강아지'도 내 뒤를 졸졸 따라왔어요."

처음엔 '사과, 우산, 강아지' 같은 쉬운 단어 두어 개로 문장을 만들
다가 익숙해지면서 조금씩 단어 수를 늘렸는데, 아이는 척척박사처럼
이야기를 만들어갔다.

여기서 힌트를 얻어 영어 학습에도 이용해 보았다. 아이들에게 엄마
가 만든 동화를 들려주겠다고 하자 아이들은 귀를 쫑긋 세우고 들었다.

"어느 날 'ant' 한 마리가 길을 가고 있었어요. 그때 'wolf'가 나타나서

'ant'를 보고는 잡아먹으려고 쫓아오는 거예요. 'ant'는 종종종 빨리 걸어서 어떤 집 'door'를 똑똑 두드리며 살려달라고 했어요. 그 집은 'teacher'의 집이었어요. 'teacher'는 문을 열고 'wolf'에게 야단을 쳤지요."

아이들은 궁금해서 영어의 뜻이 무엇인지 물었다. 그 뜻을 알려주었더니 모든 단어를 그림을 보듯 바로 외워버렸다. 다음 날 아이들은 개미 이야기를 또 들려달라고 했고, 나는 어제 이야기를 계속 연결해서 들려주었다. 신기하게도 아이들은 이야기 속에 등장한 단어는 바로 암기했다. 재미있는 이야기 한 편으로 rain, teacher, school, mountain, rainbow 같은 단어가 아이들의 기억창고로 쑥쑥 들어갔다. 나는 계속해서 네다섯 개의 새로운 단어를 이용해 동화를 만들어 들려주었다.

교육서적에 보면 좌뇌는 낱말을 암기하는 역할을 하고 우뇌는 그림과 영상을 만들어내는 역할을 한다고 한다. 따라서 단어를 그림으로 연상해 기억하는 것은 좌뇌와 우뇌를 골고루 발달하게 해주는 매우 좋은 기억방법이 된다. 나중에서야 책을 통해 이런 사실을 알고는 이론도 모르며 미리 실천했었던 나를 스스로 기특해한 적이 있다.

그 시절 나는 영어 단어 몇 개로 엉터리 구성의 이야기를 만들면서까지 아이들에게 열성적으로 영어를 가르치려는 의도는 없었다. 그저 나의 이야기에 조용히 귀 기울이며 고운 눈망울을 빛내는 사랑스러운 모습을 보는 게 좋았을 뿐이다. 엄마를 쳐다보며 다음 이야기를 기다리는 아이들을 실망시키지 않으려 열심히 이야기를 만들었고, 그 과정에서 함께 즐겼을 뿐인데, 아이도 나도 행복하고 영어공부까지 되었으니 그야말로 일거양득, 아니 일거삼득이었던 것이다.

Q12 참으려고 해도 아이에게 자꾸 소리를 지르게 돼요

 우리 아이들은 아빠랑 공부하는 걸 좋아하지 않았다. 내가 밥하고 있는 동안 TV만 보지 말고 아이들 공부를 도와주라고 부탁하면, 남편은 우선 길쭉한 자부터 찾는다. 무조건 가르치는 사람이 엄해야 아이들이 긴장감을 가지고 잘 한다는 것이다. 게다가 성격이 급해 아이들이 생각할 틈도 주지 않고, 빨리 알아듣지 못한다며 소리를 지르고 자로 머리를 톡톡 치기도 했다. 남편이 이처럼 시대에 한참 뒤떨어진 생각을 하다보니, 나는 남편과 다투기 싫어 바쁜 와중에도 아이들 공부를 도맡았다. 그런데 이런 성향이 비단 우리 남편, 아빠들에게만 있는 건 아닌 것 같다. 엄마들 중에도 아이들이 빨리 알아듣지 못하면 답답해하고 자신도 모르게 목소리가 높아진다는 사람들이 적지 않다.

첫아이의 초등학교 입학을 한 해 앞두고 있는 엄마에게서 상담요청 전화가 왔다. "우리 애는 아무리 가르쳐도 10이 넘으면 계산을 못해요. 어쩌죠? 남편도 저도 그렇게 둔하지 않은데 애는 도대체 왜 그런지 모르겠어요." 아이와 엄마를 함께 만났다. 엄마의 목소리가 그 정도로 다

급하다면 아이에게 퍼부었을 목소리의 강도가 어느 정도였을지 상상이 됐다. 나는 한편으론 아이가 가여워 최대한 부드러운 목소리로 말했다. "수는 각각의 집을 가지고 있는데 1의 자릿수 집에서 10이 되면 앞집인 10의 집으로 간단다." 나름대로 눈에 보이게 그려가며 최대한 쉽게 설명해주었다. 한 번 설명해주고 바로 답을 묻지 않았다. 아이의 얼굴에서 확실히 이해가 간다는 표정을 읽을 때까지 여러 번 문제를 바꾸어가며 그림을 그려주고 설명하고 또 설명했다. 한참 후 아이의 얼굴 표정이 밝게 변하기 시작했다. 그제야 아주 쉬운 문제를 하나 내주며 풀어보라 했더니 아이는 자신 있게 정답을 말하였다. 칭찬을 퍼부어 주었더니 내주는 문제마다 척척 풀어냈다.

혼자 머릿속으로 계산하는 것에 익숙한 아이가 아니면 처음부터 답이 툭 튀어나오기를 바라서는 안 된다. 직접 그림을 그려보고 10이 되면 묶음으로도 만들어보며 아이가 완전히 이해할 때까지 기다려줄 필요가 있다. 아이 스스로 암산을 해낼 때까지 다그쳐서는 안 되는 것이다. 비로소 자신감을 완전히 회복한 아이의 표정을 보며 아이엄마는 기뻐하는 한편 미안해했다. 그동안 아이에게 다른 쉬운 방법으로 설명할 생각은 않고 자기가 했던 방법만 가르쳐주며 아이를 윽박질렀다고 반성했다.

엄마는 아이에게 최초의 교사이며 인생의 스승이다. 아이가 엄마에게서 격려받지 못하면 어디서 누구에게 용기와 자신감을 얻을 수 있겠는가. 아이가 어려워하면 좀 더 쉬운 방법은 없을까 스스로 돌아보아야 한다. 아이보다 앞서 생각하고 아이의 마음이 다치지 않도록 밝은 얼굴로 몇 번이고 설명해주려고 노력해야 한다.

실제로 나는 내 아이들을 가르치면서 아이들의 행동이 흡족하지 않아 나무라기는 했어도 빨리 알아듣지 못한다는 이유로 화를 낸 적은 없었다. 간혹 빨리 알아듣지 못해 답답하면, 대학 시절 교사론 수업에서 배운 단어를 떠올리곤 한다.

교사가 갖추어야 할 자질 중 'nondiscouraging personality(다른 사람의 용기를 꺾지 않는 인성)'라는 말이 있다. 이 말을 접하는데 가슴이 쿵쿵 뛰었다. 나를 키워준 고마운 분들을 돌이켜보면 엄마 못지않게 큰 사랑을 주신 분이 바로 선생님이셨다. 어려울 때 격려해주시고 용기를 주신 선생님들의 사랑, 내가 누군가를 가르치는 사람이 된다면 아이의 마음을 다치게 하지 않고 용기를 북돋워줄 수 있는 그런 교사가 될 거라고 다짐했었다. 그 다짐 덕분인지 아이가 빨리 알아듣지 못하고 잘 모른다는 이유로 화를 내지는 않았던 것 같다. 오히려 아이가 혹시 좌절하는 마음을 가질까 염려하며 안타까워했다.

아이들은 누구나 큰 나무가 될 가능성을 가지고 무럭무럭 자란다. 배우고 익히며 자라야 하는 시기에 마음껏 자기생각을 표현하고, 틀리면 고쳐주고 또 생각하도록 배려해 주어야지 잘못 대답했다고 윽박지르거나 용기를 꺾는 말을 한다면 아이는 야단맞을까 두려워 안으로 움츠러들게 된다. 그러면 자연히 출구를 잃은 창의력은 꽃을 피워보지도 못하고 꺾이게 된다. 틀리면 틀린 대로 아이의 생각을 진지하게 들어보고 잘못 이해하고 있는 것을 파악해 이끌어주어야 한다. 그래야 아이는 끝까지 학습 성취동기를 잃지 않을 수 있다.

Q 13 문제를 풀면 틀린 걸 또 틀려요

 시동안 끈 채 라이트를 켜놓고 하룻밤 지냈나 보다. 다음날 아침 딸을 태우고 시동을 켜니 '배터리 아웃'으로 시동이 걸리지 않았다. 보험회사 긴급출동 서비스를 불러 점화했다.

작년에도 이런 일이 있었다. 그때 서비스 직원은 40분 동안 시동을 끄면 안 된다고 말해주었는데 이번에 오신 분은 그런 말을 하지 않고 가시기에 '깜빡하셨나 보다' 하며 그냥 넘겼다.

10분쯤 운전하고 가는데 전화가 왔다. "주의 사항을 말씀드려야 하는데 깜빡 잊었어요. 40분 정도 시동 끄시면 안 됩니다." 나는 선생님이 다음에 무슨 말씀을 하실지 알고 있어서 신이 난 학생처럼 즐거워져서 "걱정 마세요. 저 그거 알고 있어요"라고 명랑하게 대답했다. 그러자 딸이 실실 웃으며 "그냥 네~ 하면 될 걸 애처럼 '저 알고 있어요'가 뭐예요. 호호" 하고 타박을 주었다.

그렇게 운전을 한 지 5분도 안 돼 서점 건물 주차장에 도착한 나는 앞뒤 잘 살펴가며 주차하고 열쇠까지 잘 챙겨서 나왔다. 오랜만에 들른 서점에서 우리는 이 책 저 책을 한참 구경했다. 그렇게 40분 정도 지났을까, 책을 몇 권 사들고 주차장으로 내려와 열쇠를 꽂으니 차가 다시 먹통이었다. 그제야 나는 "40분!" 하고 탄성을 질렀다.

부끄러워 얼굴이 다 빨개졌다. 딸 앞에서 정신없는 엄마라는 것이 들통난 것이다. 할 수 없이 다시 그 직원분께 다시 한 번 와 달라고 부탁할 수밖에 없었다. 그날 이후 그 사건은 내게 교훈이 되었다. 시동 끌 때라이트 확인 또 확인, 완전히 '꺼진 불도 다시 보자'가 된 것이다.

아이들을 가르치다 보면 틀린 걸 또 틀리는 경우가 많다. 그건 틀린 구조로 생각하는 습관이 머릿속에 오랫동안 자리 잡고 있었기 때문이다. 내가 주차하자마자 아무 생각 없이 시동을 꺼버렸듯이 말이다.

틀린 것을 또다시 틀리지 않는 좋은 방법은 바로 '반복학습을 하는 것'이다. 여러 번 반복해 장기기억 저장창고에 새로운 지식을 넣어주는 것이 가장 좋은 방법이라 생각한다. 예를 들어 습관적으로 틀리는 문제는 따로 적어서 오답노트를 만들어주면 좋다. 나는 아이들이 어렸을 때 학습지를 채점해주며 틀린 건 따로 메모해 식탁 옆에 붙여주고 평상시에 오고가며 물어보았다. 잘못 자리 잡고 있는 것을 되풀이해 아이 머릿속에서 비워내려는 계산에서다. 그렇게 아침저녁 식사 때마다 며칠을 반복해 읽더니 완전히 새것으로 교체된 듯했다. 머릿속에 습관처럼 저장되어 있는 잘못된 생각을 쫓아내고 그 자리에 바른 풀이법이 자리 잡을 수 있도록 평소에 자주 반복해주자.

엄마가 옆에 없으면, 한자리에
5분 이상 앉아 있지 않아요

한자리에 오래 앉아 있지 못하는 아이도 좋아하는 게임을 할 때면 50분도 넘게 꼼짝하지 않고 앉아 있다. 아이가 한자리에 계속해서 앉아 있지 못하는 것은 그 일이 재미없기 때문이다.

사실 공부 자체를 신나고 재미있어 하는 아이는 드물다. 공부를 잘하면 따라오는 부가적인 즐거움 때문에 공부를 좋아할 뿐이다. 공부를 잘하면 칭찬받으니 즐겁고, 다른 사람보다 더 뛰어나다는 자기만족감에 기쁘다. 또 어떤 아이는 공부를 잘하면 부모님이 기뻐하며 자신이 좋아하는 음식을 시켜주기 때문에 열심히 공부한다고도 이야기한다.

아이가 공부에 흥미를 느끼지 못한다면, 그 원인부터 알아보아야 한다.

먼저 아이 수준을 살펴보는 것이 좋다. 공부하는 교재가 아이 수준보다 너무 어렵거나 반대로 너무 쉬우면 아이는 흥미를 느끼지 못한다. 따라서 현재 아이 수준에 맞지 않는 문제집을 풀고 있는 것은 아닌지 짚어보고, 아이가 스스로 성취감을 느낄 수 있는 수준의 문제집을 찾아주어야 한다. 그리고 아이가 지구력을 조금씩 늘려갈 수 있도록 중간중간 적당한 과제를 추가로 주어 집중하는 시간을 늘려주는 것이 좋다.

처음부터 긴 시간을 정해두고 그저 아이에게 막연히 공부하라고 강요하는 말은 자제해야 한다. 처음에는 비교적 짧은 시간 또는 적은 양의 문제를 정하고 마치 게임하듯 아이에게 과제를 준다. 예를 들어 '수학 다섯 문제 풀고 엄마에게 help me라고 소리치기'라는 과제를 주는 것이다. 아이는 문제를 다 풀고 엄마에게 소리치는 즐거운 순간을 위해 과제에 몰두하게 된다. 그러면서 차츰차츰 아이가 책상에 앉아 견디는 시간을 늘려간다.

5분이 갑자기 50분으로 껑충 뛸 거라 기대해서는 절대로 안 된다. 엄마가 인내심을 갖고 10분, 15분 차츰 시간을 늘려가다 보면, '이제 그만 쉬어가며 하라'는 말을 할 행복한 순간이 올 것이다. 이렇게 될 때까지는 아이가 좋아하는 음식도 사주고 경우에 따라 상도 주면서 칭찬하고 또 칭찬하는 것이 가장 좋은 방법이다.

공부도 습관이다. 따분하고 지겨운 괴물 같은 것이 공부라 생각하던 아이도 공부를 하면서 성취감과 재미를 발견하면 지구력은 급속도로 자라게 된다.

방문교사가 와야
과제를 밀리지 않고 해요

일을 하는 엄마는 늘 아이만 보면 미안하고 죄스러운 마음이 든다. 엄마가 하는 일이 교육과 관련된 일이면 이론상 아이에게 도움이 될 것 같지만 꼭 그렇지만도 않다. 사교육과 관련된 일을 하면 방과 후부터 본격적으로 일이 시작되니 아이들에게는 최악이다. 내가 두 아이를 키울 때 그랬다. 학원 강의를 했을 때도 개인지도나 교육 카운셀링 사무실을 조그맣게 운영했을 때도 엄마가 가장 바쁜 시간이 아이들에게는 자유시간이었다.

우리 아이들만을 위해 단 몇 분이라도 할애할 수 있는 시간이 필요하다고 생각했다. 그래서 찾아낸 방법이 학원에서 선생님으로 다른 아이들과 정해진 시간에 만나 수업을 하듯이 우리 아이들과도 엄마와 함께하는 시간을 정하는 것이었다. 그리고 반드시 그 시간만큼은 지키려고 노력했다. 큰딸과 매일 저녁 7시면 전화로 영어 문장을 다섯 개씩 말하던 '세븐 어클락'과 목요일의 종이접기, 동요 부르기도 딸과 의무적으로 만나기 위해 내가 마련한 시간이었다.

막내 귀공이에게는 '엄마는 꿀맛선생님' 놀이를 이용했다. 정해진 시간이 되면 엄마가 꿀맛선생님이 되어 아이를 방문하는 것이다. 막내는 꿀맛선생님이 내준 수학숙제와 영어숙제를 다 해놓고 얌전히 기다리고 있다가 초인종 소리가 들리면 얼른 나와 인사하며 반겼다. 긴 시간을 학습하기 위한 것이 아니라 전날의 숙제를 체크하고 다음 날까지 해야 할 숙제를 내주는 정도였다. 가장 중요한 일은 아이가 숙제를 잘 해놓으면 칭찬을 마구 퍼부어주는 것이었다.

아이는 나와 집에서 같이 놀다가도 전날 꿀맛선생님과 약속한 시간이 되면, 옷을 챙겨 입고 가방을 메고 나가서 초인종을 눌렀다. 간혹 아이와 약속한 시간에 사무실에 있어야 하는 날에는 그 시간에 맞춰 잠시 귀공이 학생을 만나러 집을 방문했다. 또 전화로 할 수밖에 없을 정도로 바쁜 날도 있었다. 하지만 꿀맛학교 놀이를 하는 동안에는 귀공이는 나를 꼬박꼬박 선생님이라고 부르며 진지하게 대했다. 그 순간은 공부를 가르치고 확인하는 것이 아니라 아이랑 재미있는 연극놀이를 하는 것 같아 나도 즐거웠다.

이런 나를 보고 남편은 가끔 혀를 차며 온 가족을 놀이동산 장난감처럼 데리고 논다고 빈정대곤 했다. 어느 날 사무실에 있다가 귀공이 얼굴도 잠깐 볼 겸 '꿀맛선생님' 하러 집에 들렀다가 남편에게 전화를 했다.

"귀공이 아버지시죠? 저 꿀맛선생인데요, 따님이 아주 성실해요. 숙제도 빠짐없이 잘 해놓고요. 오늘도 귀공이 공부를 체크하고 가는 중인데요, 수업료 많이 주셔야겠어요. 일주일에 10분 잠시 들르는 방문교사들이 대충 3만 5천 원 받는데, 전 매일같이 10분을 초과하는데다 제

인건비가 좀 비싼 걸 감안하면 100만 원은 넘게 받아야 할 것 같은데요."

그러자 남편은 일급 연기자처럼 능청스럽게 말했다.

"아, 돈이라면 걱정 마세요. 걔 엄마가 돈을 무척 잘 버니 엄마한테 받아서 수업료 달라시는 대로 얼마든지 드릴 테니까요. 돈 걱정 마시고 우리 딸 신경 좀 잘 써주십쇼."

수입엔 적극적 수입과 소극적 수입이 있다. 밖에 나가 돈을 벌어오는 것만 수입이 아니다. 엄마가 아이와 같이 노래하고 그림 그리며, 영어나 수학문제를 옆에서 같이 풀어주어 다른 교육비가 나가지 않게 하는 것도 소극적인 수입이다. 돈을 더 많이 벌고 싶다면 아이와 시간을 더 많이 보내면 된다. 게다가 아이를 세상에서 가장 사랑하는 엄마와의 공부를 단순히 돈에 비교할 수 있을까. 세상 모든 엄마들이 자기 아이와 함께 시간을 보내면서 소극적 수입도 얻고 아이교육도 챙기는 달콤한 꿀맛선생님이 되면 좋겠다.

학원에 다녀도 성적이 오르지 않는데 과외도 시켜야 할까요?

10세 전에 학습의 기초를 스스로 익힌 아이는 학원에 갈 필요가 없다. 『공부 잘하고 싶으면 학원부터 그만둬라』라는 책도 있듯이 누가 나에게 공부 잘하는 방법을 물으면 나 또한 학원부터 그만두라고 한다.

학습의 '학(學)'은 배운다는 의미이고 '습(習)'은 익힌다는 의미다. 배우기만 하고 익히는 과정이 없으면 진정한 학습은 이루어질 수 없다. 따라서 부족한 부분을 보충하기 위해서나 그 과목을 더욱 잘 해보려는 생각에서 다니는 단과학원은 학습자 자신이 공부하려는 강한 의지가 있기에 별 문제가 없다.

그러나 전 과목을 다루는 종합학원은 학교에 다녀온 후 야간학교에 또 다니게 하는 것과 마찬가지다. 학교에서 배우고 학원 가서 또 배우니 학교숙제와 학원숙제로 쉴 틈이 없다. 학교에서는 학원숙제를 하고 학원에서는 학교숙제를 하는 웃지 못할 현상까지 빚어진다. 자연히 아이가 배운 것을 스스로 되새기며 익히는 과정은 생각할 수도 없다.

학원에 보냈는데도 성적이 오르지 않으면, 어떤 부모들은 학원 이상의 학습이 더 필요하다고 생각하고 개인지도를 더 시키기도 한다.

성적이 상위권이고 스스로 공부를 잘하는 아이라면 학원에 다니는 것으로 효과를 볼 수 있다. 또래들끼리 모여 경쟁하는 곳이니 적당한 경쟁심리가 스스로를 자극하여 상승효과가 나타날 수도 있다.

그러나 중간 이하의 성적을 받는 아이라면 과감히 학원을 그만두는 게 낫다. 학습이 부진한 초등 고학년이나 중학생이 학원 종합반에 다니면서 평균성적을 올리려는 생각은 어리석은 일이다.

물론 학원마다 교육방식이 조금씩 다르지만, 대부분 학원 종합반에서는 최소 10명 이상의 아이들이 같이 수업을 듣기 때문에 한 아이가 이해하지 못한다고 그 아이가 이해할 수 있을 때까지 가르쳐주기는 어렵다. 아이들도 왜 그 문제의 정답이 1번인지 알려고 하기보다는 시험에서 똑같은 문제가 나오면 그 답을 써야겠다고 생각할 뿐이다.

초등 고학년 후 학습이 부진한 아이의 학습패턴을 살펴보면 80% 이상이 독서력이 떨어지는 경우다. 그런 아이들은 학원을 그만두고 먼저 수준에 맞는 책읽기에 집중하여야 한다. 또 학원에 오고 가는 시간과 에너지를 아껴 기본부터 확실히 다질 수 있도록 학교 진도에 맞는 교과서 학습을 해야 한다. 경우에 따라서는 전 과목을 다 잘하려 하기보다는 영어와 수학에만 우선 집중해서 공부하는 것이 나을 수 있다.

아무리 뛰어난 머리와 언변이 좋은 선생님이 가르친다 해도 학생 스스로 익히는 과정이 없으면 자기학습이 될 수 없다. 이 점을 항상 명심하고 아이에게 스스로 익히는 시간을 반드시 주어야 한다.

Q 17 동요로 한글을 익혔다는데
구체적인 방법을 알려주세요

한글을 가르치려면 글자보다 사물을 인지하게 하는 것
이 먼저다. 나는 벽에 그림판을 붙여놓고 아이에게 반복
해서 그림의 이름을 말해주었다. 그림의 이름을 충분히
가르쳐준 다음, 아이가 그 이름을 분명히 알고 있다는 생각이 들 때 질
문했다.

단, 질문할 때는 반드시 처음부터 바로 "이게 뭐지?" 하고 물으면 안
된다. 유아교육에서 가장 중요하게 생각하는 것이 '아이에게 좌절감을
주지 않도록 배려하는 것'이기 때문이다. 처음부터 추궁하듯 물어보면
아이가 대답을 못할 수 있기 때문에 가능하면 쉽고 친근하게 느껴지도
록 질문해야 한다.

그래서 시작한 것이 동요다. 나는 "코끼리는~ 어디 있나?~" 하고 노
래를 부르며 물었고, 아이에게 "요~기"라고 노래로 대답하게 하였다.
노래로 익숙해진 다음에 "이게 뭘까?"라고 물어보면 아이는 망설임 없
이 "사과요"라고 대답했다.

사물에 익숙해지고 나서는 그림판의 글자에 집중했다. "가나다라마 바사아자차카타파하, 재미있게 글자놀이 합시다. '가'는 랄랄랄라 '가지' 되지요. '나'는 랄랄랄라 '나비' 되지요. '다'는 랄랄랄라 '다람쥐' 되지요." 그림판의 글자를 보며 노래를 불러준 다음, 5센티미터 되게 정사각형으로 자른 마분지에 글자를 적어 넣고 벽에 붙은 그림판에서 똑같은 글자를 찾게 하였다. 그러면 아이는 엄마가 만든 카드를 유심히 쳐다보고 고개를 갸우뚱하다가 벽에 붙은 글자 중 똑같은 것을 찾아냈다. 그런 다음에는 모음을 바꾸어 '거너더러…, 고노도로…' 순으로 노래를 불러주며 역시 카드를 찾아보게 하였다.

받침이 없는 글자를 다 읽은 다음에는 바로 동화책에서 아는 글자를 찾아 읽게 하였다. 아이가 아는 글자는 스스로 읽게 하고 받침이 있는 어려운 글자는 내가 읽어주었다. 아이는 자기가 알고 있는 글자를 동화책에서 찾으면 성취감을 느낀 듯 자신에 찬 얼굴이었다. 이 또한 재미있게 하기 위해 동화책을 펴들고 노래를 불렀다. 손가락으로 글자를 짚으며 노래를 불렀고, 어려운 글자가 나오는 부분은 박자를 길게 하여 아이의 시선을 오래 잡아두려 노력했다. "병~아리가 엄마 닭~을 따~라 갑~니다"와 같은 식이었다.

동화책을 들고 아이와 노래를 부르는 모습을 곁에서 지켜보던 남편이 말했다. "책을 가지고 와봐, 내가 불러볼게. 아이들은 어려서부터 국악을 가르쳐야 해" 하며 신나게 노래를 불렀다. "병~~아리~~가 쿵다닥 쿵닥 엄마 닭을~~~~쿵다닥 쿵닥" 동화책을 보며 나는 동요를, 남편은 국악을 가르치는 동안 아이는 어느새 책을 줄줄 읽게 되었다. 아이가 겨우 23개월 때였다.

어린 나이에 한글을 읽어 신기하다고 생각하던 그 무렵 몇몇 교육서에서 '동요는 아이들의 기억력을 좋게 하고 뇌 발달을 자극하며 밝고 긍정적인 아이로 기르게 한다'는 글을 발견했다. 내 교육에 확신을 얻고는 동요를 이용한 체계적인 교육을 계획했다. 딸이 세 살 되던 해 1월 1일 날 결심한 것이었다.

매일 하루에 한 곡씩 노래를 가르치기로 했다. 전날 미리 준비해둔 그날의 주제곡을 아침부터 불렀다. 밥을 할 때도 설거지를 할 때도 쉴 새 없이 고장 난 레코드처럼 노래를 흥얼거렸다. 내 입에서 흘러나온 노래는 놀고 있는 아이의 귀에 그대로 얌전히 들어가 오후 정도가 되면 아이의 입에서 그 노래가 똑같이 흘러나왔다.

어린아이에게 뭔가를 가르치고 싶으면 그냥 떠들면 된다. 한 줄 가르치고 따라해보라는 식으로 강요하면 지겨운 학습이 되지만, 엄마 혼자 즐겁게 불러대고 있으면 아이도 덩달아 즐거워하며 따라 하게 된다. 낮 동안 엄마랑 아이가 함께 부르던 노래는 아빠가 퇴근할 무렵이면 아이 입에서 정확하게 불려졌다. 매번 똑같은 일상에 지루해하던 남편도 아이가 매일 불러주는 새로운 동요가 삶의 작은 활력소가 되는지 즐거워했다. 동요 부르기는 그 자체만으로도 즐거운 놀이가 된다.

'새 달력엔 내 생일이 들어 있다'는 노래를 부르면서는 어른의 생일은 '생신'이라 한다고 가르쳐주었다. 할아버지, 할머니, 아빠, 엄마는 어른이니까 '생신'이라고 하고 나와 내 동생은 '생일'이라 한다고 살짝 알려주었더니, 노래에서 호칭이 바뀔 때마다 생일과 생신 두 단어 중 알맞은 단어를 찾으면서 재미있어 했다. "음, 그럼 고모는 생신이라고 해야 할까 생일이라고 해야 할까?" "당연히 어른이니까 생신이죠." 아이는 '그 정도 쉬운 문제야' 하는 표정으로 으쓱이며 답했다. 성취감이 쑥쑥 자라는 게 보였다.

기존의 동요를 개사해 노래를 가르치다가, 나중에는 발전해 내가 가르치고 싶은 지식을 가사로 붙여 곡을 만들어 보았다. 동요 속에 아이 모르게 살짝살짝 학습 요소를 숨겨넣는 것은 효과가 좋다. 단, 지나치게 욕심을 부려 엄마의 의도가 밖으로 드러나면 효과가 반감되므로 주의해야 한다.

사계절을 알려주고 싶은 날, 나는 악보도 없이 아무렇게나 노래를 만들었다. "봄이 가면 여름이 오고, 여름이 가면 가을이 오고, 가을이 가면 겨울이 와요. 일 년은 사계절." 유치하기 그지없지만 어디에 발표할 게 아니니 신경 쓰지 않아도 된다. "봄이 되면 따뜻하고, 여름이 되면 덥고, 가을이 되면 선선해요. 겨울은 춥지요." 제법 감성적인 노래도 만들었다.

"우리 집에는 기타가 두 대 있어요. 엄마 기타, 아혜 기타, 모두 모두 재미있게 소리 나지요. 엄마는 기타를 '퉁가 퉁가', 아혜는 기타를 '통가 통가' 재미있게 치지요." 입을 쑥 내밀며 '퉁가'를 발음하고 입을 동그랗게 오므리며 '통가'를 발음하게 하면서 음성모음과 양성모음의 차이를 느끼게 해주었다.

동요는 유아교육의 가장 위대한 도구라고 나는 단언할 수 있다. 23개월 만에 아이가 한글을 읽을 수 있게 해준 것도 동요의 힘이었고, 연년생인 두 아이를 키우면서 아이 기르기가 조금도 힘들지 않았던 것도 동요의 힘이었다. 실제로 음악을 들으면 세로토닌이란 물질이 분비되어 즐거운 감정이 생긴다고 한다. 나는 한글을 가르치기 위해 아이와 씨름하지도 않았고 방문교사를 부르지도 않았다. 그냥 즐겁게 노래 부르며 논 것이 전부였다.

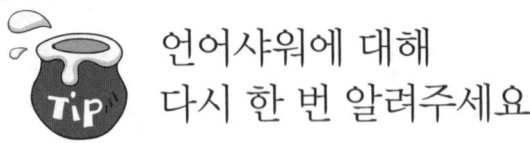

언어샤워에 대해 다시 한 번 알려주세요

맏며느리인 나는 결혼과 동시에 부모님과 함께 살게 되었다. 신혼여행에서 돌아와 혼인신고를 마치고 나니 어머님이 나를 부르셔서 말씀하셨다.

"아가, 네가 이제 우리 집 식구가 되었구나. 서로 다른 환경에서 살아온 두 사람이 화합하여 한 가정을 꾸리는 건 쉬운 일이 아니다. 네 남편은 본성이 따뜻해서 평소엔 유순한데, 한 번씩 고약한 성미가 발동할 때가 있단다. 그럴 땐 네가 무조건 참아야 한다. 일단 우리 아들이 성질을 부리면, 같이 성질을 내지 말고 부엌에 가서 찬물 한 잔 마시고 꾹 참아라. 그러면 아무 일 없이 지낼 수 있단다."

이렇게 말씀하시며 내 손을 꼭 잡으셨다. 연애하면서 나도 어느 정도 냉정하고 고약한 그의 성격을 눈치 채긴 했지만, 막상 어머님이 내 손을 잡고 부탁조로 말씀하시자 은근히 걱정되었다. 그러나 평생을 함께 살아가야 할 배우자의 잘못된 성격은 고치는 것이 옳다고 생각했다. 그래서 시를 통해 그의 마음을 곱게 순화해야겠다고 마음먹었다.

다음 날 나는 흰 종이에 명시 한 편을 적어서 벽에 붙여놓고 그에게 말했다. "매주 월요일마다 시를 한 편씩 적어놓을 테니 토요일까지 외워서 제게 검사 받으세요." 남편은 예상대로 내 말을 거절했다. 하지만 나는 굴하지 않고 "그럼 귀만 열어 놔요. 내가 읽어줄 테니"라고 말하고는 매일 밤 피곤해하는 남편의 귀에 대고 시를 반복해서 읽어주었다.

그러던 어느 날이었다. 남편은 회식이 있었다며 술에 만취해 들어와서는 투덜투덜 이런 말을 했다.

"어이구, 내가 말이야. 마누라 잘못 만나 귀찮은 일거리 하나 맡아왔어. 아, 글쎄 오늘 김 부장이 일이 잘 안 풀려 직원들이랑 술자리를 함께하게 된 거야. 근데 소주를 한 잔 받아 마시는 순간 안주처럼 내 입에서 나도 모르게 이런 말이 나오는 거야. '부장님, 마음 푸십시오. 인생은 외롭지도 않고 그저 낡은 잡지의 표지처럼 통속하거늘 뭘 그리 고민하십니까? 그냥 흘러가는 대로 삽시다.' 그랬더니 사람들이 모두 '아니, 조 대리가 그런 문학적 감성이 풍부한 청년인 줄 몰랐네. 여러분! 이제 우리 조 대리를 문학부장으로 추대해서 메마른 우리 영혼을 위해 늘 샘물 같은 시를 제공해달라고 하는 게 어떨까요?' 이러는 거야. 아이고 미치겠네. 마누라가 밤마다 하도 떠들어대기에 귀에 못이 박혀 나도 모르게 한마디 흘러나왔는데, 그게 문제가 될 줄이야. 내가 돈 줄 테니 내일 당장 서점에서 베스트셀러 시집을 사다가 나한테 줄거리 좀 자세히 얘기해줘."

남편이 겪었을 황당한 상황보다 더 황당해하는 그의 표정을 보니 즐거워 웃음이 나왔다. 마침 그 주에 박인환 시인의 '목마와 숙녀'를 읽어주었는데, 남편은 술김에 자기도 모르게 그 시의 한 구절을 읊었고 그 바람에 난데없이 문학청년이 되어버린 거였다.

나는 남편에게 일어난 엉뚱한 사건에 손뼉까지 치며 깔깔대고 웃어 댔지만 아주 중요한 이론을 깨닫게 되었다. 잘 알지 못하고 좋아하지 않더라도, 날마다 꾸준히 반복해 들으면 자연스레 머리에 남아서 어느 순간에 입 밖으로 흘러나온다는 것이다. 실제로 남편은 그 후에도 내가 들려준 많은 시의 구절구절을 읊어댔다. 남편에게 시를 읊어준 경험은 내 자녀교육 방식에 아주 중요한 실마리를 제공해주었다. 일명 '언어샤워'라는 것이다. 샤워기의 물처럼 '언어의 비'를 끊임없이 뿌려주면 아이의 머릿속에 잠재적으로 그 언어가 저장되어, 훗날 필요할 때 자연스럽게 뱉어낼 수 있게 된다.

쏟아 부으면 다음 순서로 나올 수밖에 없는 단순한 이치를 그를 통해 깨달았을 때쯤 나는 첫아이를 갖게 되었고, 곧바로 그 이론을 실천하였다. 나는 아이에게 끝없이 이야기하고 노래를 불러주었다. "수다쟁이 엄마를 둔 아이는 말이 빠르고 영리한 아이가 된다"는 말은 맞다. 언어의 비를 맞으며 자란 아이는 말을 빨리 했고, 말을 빨리 하니 다른 지식도 빨리 받아들였다.

Q 18 서술형 주관식은 어떻게 준비해야 할까요?

쓰기와 말하기 교육에 대한 관심이 커지고 있다. 시험도 단답형 정답을 요하는 문제는 점차 줄어들고 서술형 주관식 문제가 늘고 있다. 그뿐만 아니라 많은 대학이 입시에서 논술이나 면접의 비중을 해마다 높이고 있다. 이제는 주어진 상황에서 순발력 있게 대처하고 재치 있게 표현할 줄 아는 능력이 필요한 시대다.

나는 우리 아이들이 언제 어디서든 자신이 전하고자 하는 바를 다른 사람들 앞에서 떨지 않고 똑똑하게 말할 줄 아는 당당한 사람으로 자라기를 바랐다. 그런 능력을 키워주기 위해 내가 선택한 방법은 평소 가족 앞에서 동시와 동요를 감정 넣어 낭송하고 낭독하게 하는 것이었다.

그러나 그건 이미 준비된 원고를 가지고 발표하는 것일 뿐이니 순발력과 창의력이 길러질 것 같지는 않았다. 나는 재미있는 아이디어를 냈다. 여러 가지 상황을 설정해 하나씩 종이에 적어넣었다. '공부 안 하고 게임만 하는 아들과 엄마', '집안일은 도와주지 않고 종일 TV만 보는 남편과 잔소리하는 아내', '숙제를 안 해온 학생과 선생님', '시끄러워 견딜 수 없어 찾아간 이웃' 등 여러 가지 상황을 적어넣고 그중 하나를 뽑아 연기하게 하였다. 실감나게 연기하는 정도에 따라 점수를 주고, 80점이 되면 상으로 아이스크림을 사준다고 했더니 큰애와 둘째는 소리를 높여 가며 연기했다.

아이들이 그린 그림을 보면 그 집의 가정생활이 다 드러난다고 한다. 예를 들어 엄마 얼굴을 도화지 한가운데 크게 그려넣고 아빠는 구석에 조그마하게 그린 아이의 집은 엄마가 아빠보다 강력한 힘을 가지고 있다. 아이들이 하는 즉석연기도 마찬가지였다. 아이들의 연기 중에 튀어나오는 대화는 나와 남편이 평소에 많이 쓰는 말이라 절로 웃음이 나왔다.

아이들의 대화를 들으며 흐뭇한 적도 있었다. 주인공이 된 남매는 처음에는 격렬히 논쟁했지만 마지막에는 서로에게 너그러웠으며, 결국 행복한 결말을 이끌어낸 것이다. 모두 유쾌하고 재미있게 마무리되었다.

또 하나 재미있었던 건, 연기에서는 현실과는 상관없이 아이들이 실제로 바라는 바가 그대로 표현되었다는 점이다. 게임하는 아들을 나무라기보다 "학교에서 상장을 받아왔으니 오늘은 기특해서 저녁 먹고 잘 때까지 게임만 하라"고 말하는 천사표 엄마를 만들었고, 숙제 안 해온 학생에게도 화를 내지 않고 "요즘 많이 힘든가 보구나. 앞으로는 열심히 해와" 하는 식으로 관대한 선생님을 연기했다. 아이들의 표정과 내용이 재미있어 나는 "이번엔 말하다가 킥킥 웃어서 2점 감점입니다. 78

점!"이라고 억지를 부리고는 서너 번을 더 들었다. 그러고 나서야 90점을 주고 상으로 아이스크림을 사주곤 했다.

아이들이 뱉어낸 말은 그대로 내 자화상이 되었고 아이들이 내게 바라는 마음이었음을 알 수 있었다. 표현력을 길러주기 위해 시도한 이 놀이는 아이들의 마음을 읽는 작은 창구역할까지 톡톡히 한 것이다. 이 방법을 통해 나는 아이들에게서 따뜻하고 너그러운 어른이 되는 방법을 배울 수 있었고, 동시에 아이들은 주어진 상황에서도 재빨리 이야기를 만들어낼 줄 아는 창의력과 순발력을 기를 수 있었다.

아이의 발음이 좋지 않아요

앞서 언급했듯이, 이제는 그저 주어진 내용을 읽고 듣는 소극적 학습은 줄어들고 자신의 의견을 말하고 쓸 줄 아는 능력을 강조하는 적극적 학습법이 중요하게 부각되고 있다. 말하기 능력인 '구술'과 글쓰기 능력인 '논술'은 명문대에 입학하는 중요한 요소가 된다. 그러나 자기 생각을 바르게 표현할 줄 아는 능력이 단지 입시를 위해서만 필요한 것은 아니다. 이것은 올바른 사회인으로 살아가기 위해서도 꼭 필요한 자질이다.

말하기를 잘하기 위해서는 '논리적인 사고 능력'과 함께 '정확한 발음'을 중요한 요소로 꼽을 수 있다. 발음이 부정확하면 말할 때 자신이 없어지고 자신이 없어지면 자연히 말하기를 꺼리게 되어 소극적인 성격이 되기 쉽다. 자녀의 발음이 정확하지 않다고 걱정하는 엄마들을 많이 볼 수 있다. 간혹 신체구조상 발음기관에 문제가 있는 경우도 있지만, 다행히 대부분 자라면서 고쳐지는 경우가 더 많다. 그러나 '시간이 지나면 괜찮아지겠지' 하며 그냥 내버려두는 것보다는 반복된 훈련으로 고치도록 노력해야 한다.

아이들이 어릴 때 재미있게 한 놀이 중에 동요 가사에 같은 받침을 일제히 붙여 노래 부르는 것이 있다. 나는 이것을 아이의 한글학습에 활용했다. 받침 없는 글자를 다 가르쳐주고 나서, 아이가 알고 있는 동요에 한 가지 자음을 받침으로 붙여 노래를 불렀다. 처음 선택한 노래는 '우체부 아저씨'였다. 동요의 가사에 모두 'ㄹ'을 붙여 노래를 불러보자고 했다. "알절씰 알절씰 울첼불 알절씰 클 갈발 멜골설 얼딜갈셀욜." 아이는 깔깔대며 너무나 재미있어 했고 계속해서 신나게 불러댔다. 이어서 'ㅇ'을 받침에 붙여서 노래해보자고 했더니 아이는 입을 앙증맞게 오므리고 노래를 불렀다. "앙정씽 앙정씽 웅쳉붕 앙정씽 킁강방 멩공성 엉딩강셍용." 다른 받침도 골고루 붙여가며 노래를 부르게 했더니, 아이는 한 글자음의 고유 음가를 조금씩 느끼는 것 같았다.

이 방법은 각각의 자음에 따라 다른 입모양과 소리의 변화를 쉽게 느낄 수 있게 해주어 받침이 있는 글자를 익히기 위한 전초 작업이 되었다. 또 동시에 입과 혀, 이 등 발음기관을 많이 움직이게 하여 발음을 정확하고 부드럽게 해주어 발음 연습을 할 수 있는 좋은 방법이 되었다. 그 덕분인지 아이는 발음이 정확했고, 훗날 시 낭송을 할 때나 자신의 생각을 표현해야 하는 상황에서 정확하고 또렷하게 발음했다.

아이의 발음을 좋게 하기 위해서 발음 연습을 하는 것보다 엄마가 의도적으로 정확하고 또렷한 발음을 아이에게 들려주는 것이 더 중요하다. 그렇다고 해서 무턱대고 아이에게 발음을 따라 해보라는 식의 강요는 좋은 방법이 아니다. 밝은 표정으로 자연스레 정확한 발음을 들려주며 아이의 호응을 유도하는 것이 바람직하다. 정확히 발음하면서 아이에게 책을 읽어주고 입을 최대한 움직이며 즐겁게 노래하는 동안 발음 공부는 물론 육아는 꿀맛같이 달콤한 작업이 되어 있을 것이다.

Q 20 | 영어단어를 재미있게 외우는
비법이 따로 있나요?

수학을 잘하려면 숫자랑 친해져야 하듯이 영어를 잘하려면 영어에 두려움을 느끼지 않도록 알파벳과 여러 영어단어에 친숙해져야 한다. 처음 수학을 가르칠 때 나는 각각의 수를 인형으로 만들어 놓았다. '9'를 '구순이'라 이름 붙이고, '늘 하나 달라고 애타게 찾는 아이'라고 별칭을 지어준 것도 숫자를 친구처럼 친하게 느끼도록 해주기 위해서였다. 영어도 그랬다. 어떡하면 아이 몰래 놀이 속에 영어단어를 하나라도 더 집어넣어 아이를 영어랑 친하게 만들 수 있을지 궁리했다.

본격적으로 영어공부를 시키려고 마음먹었을 때 짧은 영어단어 하나라도 놓치지 않고 아이 앞에 모아놓으려고 노력한 건, 미리 가져다놓은 자갈과 모래 등 재료가 풍부하다면 영어의 집은 빨리 그리고 쉽게 지어질 거라고 생각했기 때문이다.

어느 날. 눈동자를 똘망똘망하게 빛내며 쳐다보는 아이에게 "우리 가족 영어 이름을 지어볼까?"라고 물었다. "와~ 신난다!" 딸은 뭐든 새로운 시도를 신나 하고 좋아했다. "아혜는 1월생이니까 '재뉴어리'로 하자." 그 후 나는 딸을 '재뉴어리'로 불렀다. "엄마, 동민이 이름은 뭘로 할까요?" 하고 딸이 물었다. 그래서 6월생인 아들 이름은 '준'이 되었고, 엄마, 아빠는 똑같이 '옥터버'로 부르기로 했다. 할아버지는 '노벰버', 할머니는 '페브루어리', 외할머니는 '디셈버', 큰외삼촌은 '에이프릴', 작은외삼촌은 '셉템버.' 생일이 있는 달 이름을 영어 이름으로 지어 친척들 이름까지 골고루 영어로 만들어 부르면서 덤으로 생일까지 기억하였다. 공부로 접근하는 영어단어 외우기는 어려워하고 헷갈려 했지만, 가족이나 친척들의 이름을 기억하는 건 조금도 힘들어 하지 않았다. 신기하게 잘도 기억했다.

그 밖에도 지금 기억하면 유치하기 짝이 없는 놀이 중에 '뽀뽀놀이'가 있다. '뽀뽀놀이'는 아이들이 아주 어릴 때 한 놀이인데, 아들은 신기하게 아직도 기억하고 그때를 떠올리며 웃곤 한다. 내가 아이들을 두고 일하러 나간 시기는 딸이 세 살, 아들은 두 살 때였다. 어린 시기의 교육의 중요성을 누구보다 잘 알고 있던 나는 내가 필요해서 일하러 나가는 것이 아이들에게 미안했다. 학습에서 소홀한 부분은 시간을 질적으로 이용하면 얼마든지 보충할 수 있다고 믿었지만, 함께 안고 어르며 스킨십할 수 있는 절대시간이 부족한 부분은 일하는 엄마로서 늘 마음 아팠다. 그래서 내 아이디어가 일명 '뽀뽀놀이'다.

나는 아이들에게 희한한 이름의 뽀뽀를 가르쳤다. '마쪽세뽀'는 마우스(mouth)를 쪽 내밀고 쎄븐(seven) 횟수만큼 하는 뽀뽀, '친칙 뽀뽀'는 친(chin)을 먼저 맞추었다가 칙(cheek)을 교대로 맞추어보고 하는 뽀뽀, '헤이아 뽀뽀'는 헤드(head)를 서로 가볍게 부딪치고 상대방의 이어(ear)를 잡으며 아이(eye)를 동그랗게 뜨고 하는 뽀뽀라 이름 붙였다. 아이들은 영어사전에도 국어사전에도 없는 해괴망측한 우리만의 단어를 깔깔대며 몸으로 연기했고, 그렇게 놀다보니 어느새 뽀뽀에 나오는 단어는 모두 알게 되었다.

처음에는 눈, 코, 입 등 신체부위를 본뜬 말만 만들다가 차차 욕심이 생기자 다양한 단어를 넣어 보았다. "자~ 엄마랑 앵그리(angry) 뽀뽀하자" 하고 경쾌하게 말하면 어느새 화가 잔뜩 난 얼굴 표정을 지으며 다가와 입을 맞추었고, "헝그리(hungry) 뽀뽀하자"고 주문하면 배를 잡고 3일 동안 굶은 사람처럼 흉내 내며 "쪽" 소리가 나게 입을 맞추었다. 그 밖에도 비 오는 날 하는 뽀뽀는 레이니(rainy) 뽀뽀, 눈 오는 날 하는 뽀뽀는 스노우이(snowy) 뽀뽀, 바람 부는 날 하는 뽀뽀는 윈디(windy) 뽀뽀, 부엌에서 하는 뽀뽀는 키친(kitchen) 뽀뽀, 욕실에서 하는 뽀뽀는 배스룸(bathroom) 뽀뽀라 하여 부엌으로 욕실로 아이를 데리고 가 안고 뽀뽀해주었다.

처음엔 영어단어를 공부하는 것이 목적이 아니었다. 단지 아이들과 함께 있는 시간이 많지 않아 갖가지 이름을 붙여대며 안아주고 싶은 마음에 시작했는데, 생각지 않은 것까지 얻은 재미있는 놀이였다. 본래의 목적이던 풍부한 스킨십은 물론이고, 적지 않은 양의 영어단어를 몸으로 흉내 내고 움직이면서 아이들의 기억창고에 단단하게 저장할 수 있었다.

아무거나 이름 붙여대기 대장인 엄마를 닮았는지 어느 날 딸이 책을 읽다가 물었다. "엄마, 책을 읽는다고 말하려면 영어로 어떻게 해요?" "read books라고 하지." 그러자 딸은 책에다 눈을 고정하고 입을 쏙 내밀며 말했다. "엄마, 그럼 우리 책을 읽으면서 하는 뽀뽀는 리드북스 (read books) 뽀뽀로 하자고요."

어떤 일이든 재미만 있으면 꼬리는 끊이지 않고 알아서 이어진다. 아이들은 어른들이 상상할 수 없는 확산적 사고구조를 가지고 있다. 씨앗 한 알 심어주었을 뿐인데 어느 날 주렁주렁 열매를 맺는 나무가 되어 돌아올 수 있다. 한 단어에서 두 단어, 두 단어에서 짧은 문장으로 변하며 아이와 나는 영어단어를 놀이처럼 데리고 놀았다.

가끔 옛날 생각이 나서 아들에게 "우리 마쪽세뽀 한 번 할까?" 하면 씩 웃는다. 남편은 그게 뭔 소리냐며 눈을 껌뻑거리고. 세상 사람들은 모르는 아이들과 나만의 희귀어, 지금 생각하면 유치하기 짝이 없는 발상이었지만 훗날 아이들은 그 모두가 엄마의 사랑이었음을 느끼고 즐거운 추억으로 기억해줄 거라 믿는다.

영영사전을 가지고 놀면 좋은가요?

아이들 가까이에 항상 사전을 놓아두는 게 좋다고 한다. 모르는 말이 있을 때 사전을 찾는 습관을 들이게 되면 어휘 확장에 도움이 많이 될 뿐만 아니라 스스로 찾아서 익힌 것은 기억에 오래 남기 때문이다. 초등학교에 입학했다면 국어사전에서 단어 빨리 찾기 게임은 좋은 놀이가 된다. 영영사전도 아이들과 함께 장난감처럼 가지고 놀기에 참 좋은 놀이도구다. 아이들이 이런저런 놀이로 쉬운 영어단어를 제법 알 즈음 서점에서 영영사전을 사와서 그림책처럼 가지고 놀았다. 영어를 영어로 이해하는 능력을 길러주는 데는 영영사전이 제일 좋기 때문이다.

저녁식사 후 설거지를 마치고 두 아이와 식탁에 마주 앉아 게임을 했다. 영어로 내가 어떤 단어를 설명하면 아이들이 그 단어를 맞히는 게임이었다. 아이에게 문제를 낼 단어의 설명문을 영작하기 위해 엄마가 애쓸 필요는 없다. 어린이 영영사전에는 어렵지 않은 단어들이 영어로 쉽게 풀어서 설명되어 있기 때문에 사전만 있다면 그냥 보고 읽으면 된다. 처음 시작할 땐 어렵지 않은 단어로 문제를 내며 게임에 익숙해지게 하다가, 차차 긴 문장으로 나가는 게 좋다.

이 게임을 할 때 또 하나 중요한 점은 나이 차이가 나는 형제들끼리 게임할 때는 점수의 균형을 유지하는 전략이 필요하다. 어느 한쪽이 일방적으로 맞히면 틀린 쪽은 게임에 흥미를 잃을 수 있기 때문이다. 나는 문제를 돌아가며 하나씩 내주고 자기 차례에서 정답을 맞히지 못하면 다른 사람에게로 기회를 넘겨줬다. 그리고 누나에게는 동생보다 조금 어려운 문제를 내주었다.

우선 대답할 권한이 있는 사람이 틀리거나 모르면 기다리던 사람에게는 'here'라고 외치게 했다. 다른 게임들은 "저요! 저요!"라고 하지만 영어게임이니만큼 "here"라고 말하도록 시켰다. 아이들과의 놀이에서는 사소한 것이라도 조금만 신경 쓰면 곧 자연스러운 학습이 될 수 있으므로 어른들은 늘 깨어 있어야 한다.

"Are you ready?"라고 분위기를 살짝 바꿔주면 갑자기 한국말이 사라지고 마치 국제 영어 경시대회장처럼 경건한 분위기로 바뀐다. 아들은
"OK~ OK~" 하면서 문제를 재촉한다. 점수판을 앞에 두고 영영사전에서 비교적 쉬운 단어를 골라. "First question, She is the daughter of a king. Who is she?"라고 묻는다. 'daughter'가 '딸'이고 'king'이 '왕'인지 알고 있는 아들은 자기 순서에 재빨리 대답한다. "princess, 공주입니다." "Good job!" 내가 칭찬해주면 아들은 기세가 등등해서 다음 질문을 기다린다.

문제는 순서대로 똑같이 주어지니, 상대방이 틀린 문제를 내가 맞혀야 점수를 많이 얻을 수 있어 상대방의 문제에도 귀를 쫑긋 세우고 듣는다. "Next question, This is in the middle of your face. This helps us smell things. What is this?" 영영사전에는 'this' 대신 검은 고딕체로 'your nose'라고 쓰여 있는데 문제로 내기 위해 이 부분만 살짝 바꿨을 뿐, 나는 사전을 그대로 읽었다. 'middle'이 '가운데'라는 뜻이고, 'face'는 '얼굴', 'smell'이 '냄새'라는 걸 알고 있던 딸은 그 세 단어를 유추해서 바로 "It's nose"라고 대답했고 나는 경쾌하게 "딩동댕" 소리를 울렸다.

순발력과 유추능력, 단어실력을 모두 길러준 이 놀이에 적응되자 다음 단계로 이제와는 반대로 영어단어를 주고 이를 설명하게 하는 놀이를 시도해보았다. 종이에 영어단어를 적어주고 두 아이가 서로에게 영어로 그 단어를 설명하게 하는 놀이였다. 아이들은 문법에 맞게 영어로 근사하게 설명하는 능력은 없었지만 나름대로 재치 있게 설명했다. 이 놀이를 하면서도 나는 아이들의 막힘없는 사고의 유연함에 놀랐다.

내가 적어준 단어 'summer'를 아들이 설명할 차례였다. 나는 'It is very hot in this season. We swim in the river. We have watermelon in this season' 정도로 아이가 설명할 거라 생각했다. 그러나 아들은 "After spring?"이란 단 두 단어로 질문했고 딸은 그 정도쯤이야 하는 얼굴로 "Summer"라고 외쳤다. 딸이 'black'을 설명할 때도 그랬다. 누나가 "Not white?" 하고 경쾌하게 질문하자 동생은 "Black" 하고 외쳤다. 'clap'이라는 단어를 설명하기 위해선 박수를 쳤다. 몸짓과 표정을 총동원해 주어진 단어를 어떻게 해서든 상대방이 이해하도록 만들려고 노력하는 모습을 보면서 영어가 살기 위한 수단일 때 비로소 영어실력이 향상된다는 말을 떠올렸다.

아이들은 영어를 놀이의 수단으로 여기며 즐겁게 공부했다. 영어로 설명한 단어 추측하기와 영어단어를 영어로 설명하기 놀이는 재미와 학습효과를 동시에 얻을 수 있는 훌륭한 학습법이다.

영어단어와 문법의 수준을 높여가는 좋은 방법이 없을까요?

아무리 많이 듣고 읽어도 입으로 직접 소리 내어 표현하지 않으면 내 것이 되지 않는다. 또 평소에 자주 썼던 표현은 두고두고 기억에 남아 내 언어가 되기 때문에 잘 들리기도 하고, 잘 보이기도 한다. 그래서 나는 아이들 입에 영어가 쉽게 붙을 수 있도록 영어 게임도 하고 연극도 하며 평소에 자주 영어로 말할 수 있는 환경을 만들어주었다.

위로 두 아이들은 친구처럼 짝이 맞아 같이 놀았지만 늦둥이 막내의 놀이 파트너는 엄마가 해줄 수밖에 없었다. 그래서 막내 귀공이와 재미있게 영어를 익히는 방법으로 생각해낸 것이 챈트(chant)였다.

기승전결 구성의 리듬을 넣을 생각으로 A4용지 반 정도 크기의 종이 네 장에 반복 문형을 각각 한 문장씩 적었다. I like spring. You like summer. She likes fall. He likes winter. 네 문장은 경쾌한 리듬과 함께 아이 입에서 자연스럽게 흘러나왔다. 가르쳐주고 싶은 다른 단어가 있다면 마찬가지로 그 단어가 들어간 문장만 네 개 구성하면 된다.

가령 'can'의 쓰임을 알려주고 싶다면, 'can'이 들어간 문장 네 개를 적으면 된다. I can sing. You can dance. She can cook. He can drive. 박수를 치거나 발을 구르며 문장 사이에 흥을 돋우는 리듬을 더하면, 아이는 무척 즐거워하며 음악처럼 자연스럽게 문장을 받아들이고 기억한다.

파닉스도 이 방법으로 공부할 수 있다. 예를 들어 'un' 발음을 익히려 한다면, 'un'으로 끝나는 단어 넷을 모아 종이에 적으면 된다. Look at the sun. Look at the gun. English is fun. I run. 즐겁게 손뼉 치며 흥겹게 노는 사이에 어떤 발음인지 깨닫게 되는 것이다.

내가 막내 귀공이와 이렇게 놀고 있을 때 남편이 옆에서 "sun을 moon으로 바꿔! 애들이 태양을 보면 눈이 아프잖아"라고 말했다. "끝나는 단어를 똑같이 'un'으로 한 거잖아요!"라고 했더니, "어! 그런 심오한 뜻이 있었어?"라며 미안해 했다.

이미 사용했던 문장도 다른 표현에 계속해서 사용할 수 있다. 예를 들어 'un' 발음을 익히려고 쓴 문장 'English is fun'을 'English'만 다른 단어로 바꿔서 'fun'을 공부하는 것이다. Music is fun. Math is fun. Singing is fun. Playing the piano is fun. 이런 식으로 여러 가지 표현을 익힐 수 있었다.

이렇게 네 문장으로 구성한 챈트는 아이가 특히 좋아했다. 그래서 처음엔 기초 구문 학습에 필요하다 생각되는 쉬운 문장만 챈트로 네 문장씩 가볍게 만들어 하던 것을 아이가 무척 잘 따라 하기에 본격적으로 체계를 잡기 시작했다. 중학교 영어교재에 실린 본문을 우리만의 챈트로 만들어 연습했고 둘만 있는 시간이면 함께 놀이하듯이 주고받았다. 교과서는 아이들의 학습 순서에 맞춰 가장 정제된 필수 표현을 모두 담고 있기 때문에 기본 활용 도서로 쓰면 좋다.

아침 등굣길이나 목욕탕 안에서 남들 듣지 않게 챈트를 속삭이는 건 막내와 나, 둘만의 즐거움이다. 챈트를 할 땐 소리만 경쾌하게 내는 게 아니라 온몸으로 율동도 섞어 하는데 이렇게 하면 영어공부를 하는 건지 운동을 하는 건지 노래를 부르는 건지 구별이 잘 안 갈 정도로 즐겁다. 중요한 것은 이런 방법으로 하면, 그냥 읽어서는 도저히 기억하지 못할 긴 문장과 어려운 표현을 조금도 어려워하지 않고 말하며 또 신기하게 잘도 기억한다는 것이다. 이것이 바로 리듬의 힘이다.

오래전 중학교에서 아이들과 수업할 기회가 있었다. 교과서 본문 대화체를 챈트로 리듬을 넣어 같이 읽으며 수업했더니, 반 아이들 전체가 흥거워하며 내용 이해뿐 아니라 응용까지 쉽게 하였다. 문법공부와 어휘 확장을 자연스럽게 할 수 있고, 방법 또한 놀이처럼 즐거워 적극 권하는 영어교수법이 바로 챈트다.

영어동화를 읽으면서 일일이 설명해주어야 하나요?

글자를 알지 못하는 아이에게 동화책을 읽어줄 때, 그저 책장을 넘기며 글을 읽어주는 데에만 그치지 말고 페이지마다 그려진 그림을 보며 아이가 상상할 수 있게 해주는 것이 좋다. 표지를 보고 "이 책은 어떤 내용일까" 하고 먼저 물어보아 아이의 호기심을 불러일으켜 준다. 그런 다음 책을 펼쳐 먼저 그림을 보고 내용을 생각해보게 하면 아이들은 실제 내용과 많이 다르지 않게 상상해낸다. 아이들 동화책은 글과 그림이 잘 어우러지게 구성되어 있으므로 엄마가 일일이 문장을 설명해주지 않아도 그림을 보면서 내용을 유추해낼 수 있다. 또 이런 과정은 아이의 상상력과 창의력을 길러주는 좋은 방법이 된다. 그뿐만 아니라 동화책에 대한 거부감을 없애고 동화책 읽기가 재미있는 놀이의 하나라는 생각을 하게 해준다.

영어동화책도 마찬가지다. 엄마의 머릿속엔 영어동화를 읽으며 영어를 학습하려는 의도가 숨어 있겠지만 이 목적은 철저히 가려져야 한다. 훗날 아이가 계속해서 책을 즐거운 마음으로 스스로 찾게 하려면, 처음

다가갈 때부터 재미있는 놀이 대상으로 인식할 수 있게 해주어야 한다. 그러기 위해서는 시작부터 지나치게 자세히 설명하는 쪽보다는 아이가 자유롭게 상상해서 이해하게 하고, 엄마는 아이의 흥미에서 벗어나지 않게 주의하면서 감탄조로 이야기를 이끌어주어야 한다.

내용은 알지 못하지만 흥얼거리다 보면 아이 스스로 내용이 궁금해져 엄마에게 물어볼 수 있고, 또 묻지 않아도 저절로 알게 되기도 한다. 단, 엄마는 아이가 보는 동화책의 내용을 '엄마 지침서' 등을 읽어 충분히 이해하고 있어야 한다. 그래서 아이가 잘못 알고 있는 부분이 있으면 바르게 고쳐주고, 언제라도 질문하면 알려줄 수 있어야 한다.

영어동화책을 앞에 두고 한 줄 한 줄 설명하는 행위는 곧 아이는 영어공부의 먼 길을 서두르지 않고 즐겁게 가려고 하는데 엄마가 앞에서 아이의 발에 가속페달을 달아주겠다며 방해하는 꼴이다. 지구상 어느 인종을 만나도 인간은 서로 통하는 것이 있어 거의 대부분 큰 문제없이 의사소통을 한다고 한다. 마찬가지로 언어는 언어끼리 다 통하므로 제 식으로 이해할 줄 안다.

아이가 보는 영어동화책을 장난감처럼 즐기게 두는 것이 좋다. 열심히 혼자만의 상상으로 듣던 아이가 어느 날 자신이 들은 대로 영어를 말해 엄마를 놀라게 할 것이다.

연산이 느리면 수학공부가
힘들어진다고 하던데요?

수학공부를 처음 시작하는 유아기나 초등학교 저학년 때는 "수학공부는 곧 연산학습이다"라고 느껴질 정도로 연산부분 문제가 주로 부각되고 부모들 또한 이 부분의 학습에 집중한다. 그러나 장기적인 수학학습 과정을 두고 볼 때 수학공부를 어렵고 힘들게 느껴지게 하는 것은 결코 연산이 아니라 수학적 사고력의 부족이다. 학년이 올라갈수록 아이들은 수학은 귀찮고 어려운 과목이라고 인식하게 되는데 이는 어려서부터 생각하는 훈련이 되어 있지 않기 때문이다.

"버스에 승객이 20명 타고 있는데 다음 정거장에서 5명이 내리고 그 다음 정거장에서 3명이 탔다면 버스에는 승객이 몇 명 있을까요?"라는 문제를 풀 때, '승객이 버스에 타면 더하기를 하고, 버스에서 내리면 빼기를 한다'고 생각하여 식을 만들어내는 것이 중요하지 계산은 다음 문제다. 그러나 단순반복적인 문제를 푸는 훈련만 받은 아이는 이렇게 식을 만들어내는 과정은 싫어하고 '20-5+3'을 계산하는 것만 좋아하고 잘한다.

아이들을 이렇게 만든 것은 처음 수학공부를 시작할 때 대다수 엄마들의 그릇된 수학접근 방식에서 비롯된다. 연산이 중요하다 여긴 엄마들은 계산능력을 키워준다는 명목으로 끝없이 같은 수를 반복해서 더하고 빼는 식의 학습지를 선택한다. 그러나 이를 되풀이하면 창의적인 사고 능력보다 반복을 통한 기계적 기능화가 이루어져 아이는 문제의 이면을 들여다보려는 노력을 하기 싫어하게 되며, 겉으로 보이는 숫자를 더하고 빼고 곱하고 나누는 쪽에만 관심을 두게 된다. 아이들을 지도해보면 중고등학교 학생들 중 반에서 중간 정도만 되어도 사칙연산이 문제가 되어 수학을 못하는 경우는 없다. 식 만드는 과정을 어려워할 뿐이다.

반복형 문제만 풀어 숫자에만 밝은 아이의 문제점이 무엇인지 설명하기 위해 강의 중 엄마들에게 문제 하나를 내주고 풀어보라고 할 때가 있다. 문제를 내주고 풀어보라 하면 어른이나 아이나 긴장하는 건 마찬가지다. 조금 전까지 편히 웃으며 여유 넘치던 얼굴 표정에 긴장감이 돈다.

"1층에서 3층까지 올라가는 데 4초 걸리는 엘리베이터가 있습니다. 층마다 올라가는 속도가 같다고 가정했을 때, 1층에서 6층까지 올라가는 데 몇 초 걸릴까요?" 어른들에게 한 질문이라고 너무 어렵게 생각하는지 여러 가지 답을 말한다. 그 중 꽤 많은 엄마들이 '8'이라고 답한다. '8'이라는 답을 들으면 그날은 강의가 잘된다. 내가 전달하고자 하는 바를 분명히 각인시킬 수 있는 답이기 때문이다. "예, 그렇게 답하는 엄마들이 많아요. 그러나 조금만 생각해보면 그 답이 틀렸음을 알 수 있지요. 1층에서 3층까지를 가려면 몇 층을 올라가나요?" 그제야 엄마들은 고개를 끄덕인다. 답은 '2층'이다. 1층에서 2층, 2층에서 3층, 이렇게 두 층을 올라가는 데 4초가 걸리니 1층당 걸리는 시간은 2초다. 결국 6층까지는 5개 층을 올라가야 하니, 정답은 '10초'가 되는 것이다. 이쯤 되면 오답을 말한 엄마들은 대부분 "한 단계만 더 깊이 생각했다면 정답을 맞힐 수 있었을 텐데" 하며 안타까워한다.

아이들에게 질문해도 '8'이라고 답하는 경우가 수두룩하다. 숫자를 추려놓은 반복 학습지를 풀며 연산하기에만 길들여진 아이는 엘리베이터가 몇 층을 올라가야 하는지 생각하는 과정을 싫어한다. 그냥 표면에 드러난 숫자인 3층, 6층만 보고 3층에 4초이니 6층은 8초라고 깊이 생각하지 않고 답해버린다.

이에 대한 해결책으로 내가 제안하고 싶은 것은, 일반 서점에서 파는 어렵지 않은 문제집을 하나 사서 교과서 진도에 맞춰 아이에게 설명해주고 채점도 해주며 같이 공부하라는 것이다. 엄마가 학창시절에 수학을 잘하지 못했다고 걱정할 필요가 없다. 사람은 나이가 들면 기억력은 떨어지지만 반대로 이해력은 늘어난다. 엄마는 아이들보다 더 넓게 볼 수 있는 능력이 있으므로 아이와 함께 문제를 풀다보면 충분히 가르칠 수 있다. 게다가 수학은 계단식 학습방법을 취하기 때문에 갑자기 어려워지지도 않는다. 또 수학문제는 아무리 복잡해도 마지막엔 계산문제로 귀결되므로 굳이 따로 계산문제만 모아 연습하지 않아도 연산훈련은 충분히 된다.

그래도 저학년 때 계산을 정확하고 빠르게 하는 훈련을 하는 것은 중요하므로 나는 이런 방법을 썼다. 서점에서 '계산박사'라는 문제집을 사서 주말이면 시간을 정해놓고 20문항씩 시험을 치렀다. 100점을 받거나 한 문제 정도만 틀려야 상으로 아이스크림을 사준다고 하면, 아이는 눈을 반짝이고 입술을 앙다물며 문제를 풀었다. 이 방법을 이용하면 정확성과 신속성, 집중력을 이끌어낼 수 있다.

아이가 아이스크림을 먹을 수 있는 성적이 되었을 때, 아이 덕분에 온 가족이 함께 아이스크림을 먹게 되었다고 이야기하면 아이는 더 신이 나 최선을 다한다. 할아버지는 시험 치르는 아이 곁에서 "우리 손녀, 잘 부탁한다! 할아버지도 아이스크림이 먹고 싶거든, 하하" 하고 추임새도 넣어주셨다. 아이스크림을 먹으면서 온 가족이 아이에게 고맙다고 하면, 아이는 괜히 기분이 좋아져서 주말의 계산박사 퀴즈대회를 은근히 기다리곤 했다. 가끔 아슬아슬하게 1개를 더 틀려 아이스크림 수상에서 탈락하면, 아이는 한 번만 다시 시험을 보자고 사정했다. 속으론 작전에 말려드는 아이가 귀여워 웃음이 나오지만 나는 천연덕스럽게 "기회는 한 번뿐인데… 좋아, 한 번만 더 기회를 주지" 하고 인심쓰듯 말한다. 그러면 아이는 고마워하면서 정신을 집중해 문제를 풀어 100점을 받고, 가족에게 인사를 받으며 아이스크림을 배달한다.

평소엔 패턴화되지 않은 일반 문제집으로 여러 가지 형태의 문제를 차곡차곡 풀어보고, 주말 연산퀴즈 대회로 정확도와 신속도를 체크하는 방법이면 연산공부는 충분하다. 모든 공부가 그렇듯이 근시안적으로 앞만 보는 교육은 얼마 못 간다. 멀리 큰 그림을 그릴 줄 아는 엄마의 지혜가 필요하다. 수학을 잘하기 위해 꼭 필요한 능력은 단순반복 계산능력이 아니라 생각할 줄 아는 수학적 사고력이라는 걸 꼭 기억하기 바란다.

수학공부는 선행학습을 해야 하나요?

아이들이 고개를 갸웃거리며 아직 배우지 않은 수학문제를 골똘히 풀고 있는 모습은 무척 사랑스럽다. 아이들이 제 학년보다 앞선 과정의 수학문제를 풀고 있을 때, 나는 아이들이 지능계발을 하고 있다고 생각하며 흐뭇하게 바라보았다. 실제로 지능 검사지를 보면 상당수가 수학시험지 같다. 패턴 서너 개를 보여주고 네모칸을 내주며 이전 패턴들을 근거로 어떤 그림이 들어가야 하는지 묻는 문제나, 나무를 쌓아놓고 보는 방향에 따라 어떻게 보이는지 찾는 문제 등은 수학책에서 자주 볼 수 있다.

나는 수학문제를 수학공부를 한다는 기분으로 풀기보다는 아이의 논리력과 사고력을 길러주기 위한 퀴즈놀이라 생각했고 아이들도 그렇게 즐겼다. 매일 똑같은 퀴즈놀이는 흥미가 떨어지듯 아이들은 배우지 않은 새로운 문제를 대할 때면 도전의식을 가지고 좋아했다. 수학공부를 공부가 아닌 퀴즈놀이로 접근하기 위해서 나는 서점에서 판매하는 어렵지 않은 교재를 선택했다. 그리고 학년과 상관없이 아이가 그 내용을

받아들이면 계속 진도를 나갔다. 수학은 철저히 계단식 과목이어서 어느 날 갑자기 어려운 문제가 툭 튀어나오지 않고 한 단계 한 단계 차근차근 접근할 수 있도록 구성되어 있기 때문에 이것이 가능하다.

수학을 선행학습하면 좋은 점은 여러 가지다. 우선 수를 보는 시각이 달라진다. 산에 높이 올라갈수록 시야도 넓어져 멀리 볼 수 있는 것과 마찬가지로 상위과정을 학습할수록 이해력도 함께 자란다. 또 앞서 배우면 공부하는 게 항상 즐겁다. 제 학년 과정이 아니니 모른다고 초조해할 필요도 없다. 아이들이 어려워하는 것 같으면 "걱정 마~ 네 학년 것도 아닌데 모르면 정상이고 알면 천재지" 하며 방글방글 웃어주면 아이는 어느새 덩달아 싱글거리며 자신을 기특해하고 '천재'가 되려고 스스로 노력한다.

수학전문가에 따르면 80% 정도 내용을 이해하면 계속 진도를 나가라고 한다. 진도를 나가다 보면 어느새 이해 못하던 20%의 내용도 저절로 이해된다는 것이다. 선행학습을 어느 단계까지 해야 하는지에 대한 기준은 없다. 아이가 받아들이는 대로 진도를 나가면 되니 무한대다. 실제로 큰딸은 2년 정도 선행학습을 했다. 일일이 가르쳐주지도 않았다. 새로운 단원을 배울 때 기본을 설명해주기는 했어도 문제를 풀어갈 때는 일일이 가르쳐주지 않고 혼자 풀게 했다. 막내도 제 학년을 훌쩍 지난 수학문제집을 풀고 있다. 엄마가 바쁘니 아침시간을 이용해 조금씩 푸는데, 힘들어 하기는커녕 오히려 재미있어 한다. 'help me'와 'finish'라는 우리 둘만의 암호도 만들었다. 한 페이지를 기준으로 채점하는데 귀공이가 풀다가 어려워 도움을 요청할 때는 "Help me"라고 외치고, 한 페이지를 마치면 "Finish"라고 외치기로 약속했다.

귀공이는 제 학년이 훌쩍 지난 수학문제집을 풀면서도 좀처럼 물어보지 않고 혼자 끙끙대며 푼다. 도와달라 외치지 않고 한 페이지를 다 풀면 칭찬을 넘치도록 해줬기 때문이다. 엄마의 설명을 듣고 쉽게 알게 되는 것보다 아이 스스로 머리를 많이 써볼 수 있게 하려는 목적을 이룬 셈이다. 문제 푸는 모습을 엄마가 옆에서 바라보고 채점도 하면서 칭찬해주면 아이는 수학공부를 어려워하지 않고 재미있게 받아들인다.

제 학년 기본공부와 심화학습만으로는 수학의 긴 줄기를 앞서 볼 수 없기 때문에 언제까지나 수학은 어려운 공부라는 생각에서 벗어날 수 없다. 쉬운 교재로 진도를 나가면서 조금 앞서서 숲을 볼 수 있게 한 다음, 폭넓은 수학적 사고력으로 제 학년 심화를 다져나가는 식의 수학학습을 권한다. 잊지 말아야 할 것은 어렵지 않은 교재를 선택해 한 페이지도 빠뜨리지 말고 꼼꼼히 학습하는 것이다. 그렇게 그 단원의 핵심을 파악하고 나면 응용문제나 심화문제도 스스로 풀어낼 수 있는 기본이 닦이게 된다. 새 풍선을 처음 불 때는 생고무를 늘려야 하기 때문에 양쪽 볼을 부풀리며 한껏 힘을 주어야 한다. 어린아이들은 힘이 들어 불지도 못할 정도다. 그러나 한 번 불었다가 바람을 뺀 풍선을 다시 불기는 어렵지 않다.

학교 진도보다 앞서가면 수학시간에 지루해할까 염려스럽다는 질문도 자주 받는다. 그러나 이것은 기우다. 큰딸은 수학을 2년 앞서 갔어도 수학시간을 가장 좋아했다. 수업시간에는 선생님의 시선을 따르며 집중해야 한다는 기본을 알고 있는 아이라면 아무 문제가 되지 않는다.

이미 한 번 학습해본 내용이니 아이는 여유 있는 마음으로 선생님 말씀을 들으며 집중했고, 선생님이 오늘 뭘 설명하실지 알고 있어서 선생님의 질문에 적극적으로 대답하며 즐겁게 수업한다고 했다. 그 순간이 아이에겐 즐거운 복습시간이었고 그 수업시간에 누구보다 적극적이고 능동적인 학생이 될 수 있었다.

26 과외나 학원에 보내지 않고 어떻게 수학을 잘할 수 있었어요?

내가 큰딸의 수학공부를 도와준 건 초등학교 저학년 기본과정까지였다. 초등 고학년과 중고교를 다니며 고난도 심화문제를 풀 때, 이해가 잘 되지 않는 문제가 있으면 큰딸은 답안지를 보고 해결했다.

나는 누군가가 옆에 붙어서 일일이 설명해주며 하는 공부는 한계가 있다고 생각했다. 풀이법을 보며 스스로 이해하는 능력을 길러야 어려운 문제도 혼자 힘으로 해결할 수 있다고 생각해 일찍부터 책이 선생님이라는 것을 깨우쳐주려고 노력했다.

생각해보면 수영이나 스케이트, 피아노 등 예체능 공부를 제외하곤 큰딸은 공부와 관계되는 건 늘 스스로 했다. 학원도 개인지도도 필요하지 않다고 했다. 가르치는 사람은 책에 있는 내용을 학생들이 좀 더 쉽게 이해할 수 있도록 말로 풀어 설명해줄 뿐이지, 모든 문제를 책보다 더 자세히는 설명해주지 못하는 것 같다고 했다. 책을 통해 배우는 내용이 사람의 설명보다 방대하고 깊으니 가장 좋은 선생님은 책이라는 것이다. 어려서부터 누군가의 설명에 의존하지 않고 스스로 찾아 공부하도록 유도한 것들이 커서도 버릇이 된 듯하다.

아이들이 어렸을 때 집집마다 그룹을 지어 일주일에 한 번씩 색종이 접기 선생님을 초빙하여 색종이 접기를 배우는 게 유행이었다. 나에게도 또래 친구 엄마에게서 같이 그룹을 지어 색종이 접기를 배우자는 전화가 왔다. 가격을 물어보니 7만 원이라고 했다. 아이가 둘이면 일주일에 한 번 선생님이 와서 가르치는 데 10만 원이 훌쩍 넘는 금액이다. 그 돈이면 차라리 아이들에게 동화책을 더 사주고 종이접기는 나랑 하는 게 낫겠다는 생각이 들어, 종이접기 책을 사서 아이들이랑 접기 놀이를 시작했다.

책에 나와 있는 순서대로 접으니, 처음엔 어려웠지만 작은 책을 앞에 두고 머리를 맞대며 궁리해가는 사이 우리가 원하는 작품을 접을 수 있는 실력이 되었다. 문제 해결력을 키울 수 있었을뿐더러, 스스로 책을 보며 해결해가는 습관을 들일 수 있었던 데는 종이접기가 한몫한 것 같다.

풀이만 보고 스스로 문제를 해결할 수 있으면, 공부하는 데 아무 제약을 받지 않고 자유롭다. 가르칠 사람을 찾아야 할 필요도 없고 가르치는 장소를 찾아가야 할 필요도 없다. '수학이 소설책 읽는 것처럼 재미있다'고 말했던 큰딸의 수학공부 비결은 바로 책을 보고 스스로 답을 해결하는 습관을 길러준 데서 비롯된 거라 믿는다. 그리고 그런 능력은 모든 과목의 기초가 되는 독서를 병행했기 때문에 가능했다.

사교육 없이 키우셨다는데, 저는 제가 공부를 못해서 제 아이를 가르칠 자신이 없어요

공부를 잘하는 것은 본인의 의지이지 부모의 지식과 관계된 것은 아니다. 주변을 둘러보아도 부모의 학력이나 지식이 높지 않아도 아이가 공부를 잘하고 모범적으로 자라는 예는 충분히 많다. 반면 부모가 많이 배워 아이를 직접 가르칠 수 있고 경제적으로도 넉넉해 사교육비를 감당할 능력이 되어도 자녀가 학습부진아가 되는 경우는 얼마든지 있다.

자녀를 공부 잘하는 아이로 키우고 싶으면, 아이에게 스스로 공부하고자 하는 의지, 즉 성취동기를 부여해주어야 한다. 사실 학문 자체가 순수하게 재미있어 즐기는 아이는 별로 없다. 처음 공부를 시작할 때 칭찬받는 즐거움을 알려주면, 공부하면서 서서히 학문 자체의 즐거움을 느끼는 경지로까지 발전해갈 수 있다. 나는 이 이론의 효과를 내 경험을 바탕으로 자신 있게 말할 수 있다.

내 어머니는 어린 나를 열심히 공부하지 않으면 견딜 수 없도록 만들어 놓으셨다. 공부를 잘해서 여러 사람 앞에서 칭찬받는 달콤한 기쁨을 일찍부터 알려주신 것이다. 내가 자란 곳은 '공부는 학교에 가서나 하는 것'이라는 인식이 널리 퍼진 작은 마을이었다. 그러나 어머니는 일찍부터 나에게 한글과 숫자를 가르치셨다. 초등학교에 입학했을 때 나는 우리 반에서 책을 읽을 줄 아는 몇 안 되는 아이였다. 어머니는 내가 학교에 입학한 뒤로는 매일 새벽에 깨워 받아쓰기를 해서 학교에 보냈고, 저녁엔 학교에서 배운 걸 물어보셨다. 나는 어머니의 예습복습 덕분에 늘 친구들 앞에서 선생님께 칭찬을 받았다. 그렇게 난 나를 행복하게 해주는 공부가 좋았다.

4학년이 되면서 어머니는 내 학습지도에서 손을 떼셨다. 그 이후의 공부는 어머니에게도 어려웠기 때문이다. 그러나 나는 어머니가 나에게 거는 기대를 알고 있기에 실망시켜드리지 않으려고 스스로 공부했다. 이것이 바로 '피그말리온 효과'다. 초등학교 4학년부터 어머니는 나에게 공부와 관련된 지식을 가르쳐주는 대신 어머니가 할 수 있는 최대한의 사랑을 보여주셨다. 시험을 치르는 날이면 내가 좋아하는 고등어조림과 식혜를 만들어놓고 기다리셨다. 내가 여고 입학시험을 치르던 날은 수석입학하라고 나 몰래 교복에 부적을 달아놓고 나를 응원하셨다. 나는 그렇게 어머니의 큰 사랑을 먹고 스스로 찾아서 공부하는 아이가 되어 어머니에게 보답하려고 노력했다. 어려운 문제에 부딪혔을 때 좌절하거나 실망하기보다 무엇이든 긍정적으로 받아들이고 극복해내려는 자기의지를 가지게 된 것도 생각해보면 어린 시절부터 묵묵히 뒤에서 후원하며 지켜본 어머니의 믿음과 신뢰 덕분이었다.

아이를 낳고 엄마가 되었을 때, 나는 어머니처럼 어린 시기의 교육에는 최대한의 정성을 쏟았다. 가르치기보다 칭찬해주며 스스로 찾아서

할 수 있는 아이로 키우려고 노력하였다. 스스로 학습하려는 의지가 없는 아이에게는 아무리 지식이 많은 엄마라도 가르칠 수 있는 데 한계가 있다. 근사한 날개를 아이 몸에 가져다 붙일 수는 있어도 목표를 향해 힘찬 날갯짓을 하는 건 아이 자신의 몫이기 때문이다.

3

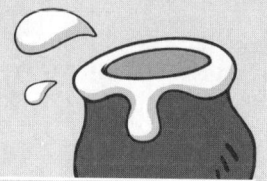

즐거운 **독서**와
글쓰기 공부

책 읽을 시간이 없어요

초등학교 입학을 앞둔 예비 초등생부터 초등학교 저학년까지의 아이들은 무척 바쁘다. 아이마다 기본적으로 서너 개씩은 학원 가방을 바꿔가며 방과 후 시간을 보낸다. 교육을 장거리 경주에 비유해봤을 때, 이 시기의 여러 교육이 평생의 힘이 되고 재산이 되는 것은 사실이다. 그러나 남들이 좋다고 해서 모조리 가져다 교육을 시키려 하면 결국 아이는 힘에 겨워 지치고 쓰러지게 될 것이다.

큰 돌과 자갈, 모래, 물을 가지고 빈 항아리를 채우는 방법에 대한 이야기를 할 일은 많은데 시간은 없을 때마다 내 마음속에서 다시금 새기곤 한다. 자갈을 먼저 넣으면 큰 돌이 들어갈 자리가 없어 그 재료들로 항아리를 채울 수 없다. 항아리를 채우려면 맨 먼저 항아리 안에 가장 큰 돌을 넣고, 다음으로 자갈을 넣고, 모래를 넣고 그리고 맨 마지막에 물을 넣어야 비로소 재료를 하나도 빠뜨리지 않고 항아리를 빼곡히 채울 수 있다는 것이다.

하루는 누구에게나 공평하게 24시간이다. 아이들에게는 잠을 자고 뛰어노는 시간을 충분히 확보해주어야 한다. 몸이 자라는 중요한 시기이기 때문이다. 그 시간을 제하고 남는 시간은 어느 아이나 비슷하다. 크기가 똑같은 시간 항아리에 무엇을 먼저 넣어 채우느냐에 따라 성공한 교육이 될 수도 있고 실패한 교육이 될 수도 있다.

아이들의 시간 항아리를 빈틈없이 가장 잘 채우는 방법은 큰 돌부터 넣는 것인데, 아이들에게 가장 큰 돌은 '독서'다. 학원은 자갈일 뿐이지 결코 가장 중요한 큰 돌이 될 수 없다.

아이가 고학년이 되면 공부해야 할 과제가 급속히 어려워진다. 더군다나 학습의 난도가 높아져 고난도 문제에 다다르면 남이 가르쳐서 해결할 수 있는 한계를 넘어서게 된다. 누군가 옆에서 계속해서 방법을 일러주더라도 기본적인 사고력이 바탕이 되지 않으면 풀이법 자체를 이해할 수 없게 되는 것이다.

그렇기 때문에 자갈과 모래를 아이의 시간 항아리에서 꺼내고 '독서'라는 큰 돌이 들어갈 자리를 마련해주어야 한다. 독서할 시간을 마련해주고도 시간이 나면 그다음 중요하다고 생각하는 자갈들인 피아노나 그림, 컴퓨터, 영어공부 등을 아이가 감당할 수 있는 만큼 넣어주어야 한다.

책을 읽지 않은 아이를 공부를 잘하는 아이로 키울 확률은 0%에 가깝다. 중고등학생들에게 영어나 수학 수업을 해보면 기본적으로 문장을 이해하는 능력이 떨어지는 아이들은 독해도 잘 못하고 어떤 식을 세워 풀어야 하는지도 잘 알지 못한다. 훗날 어머니의 지갑을 노리는 사교육비라는 도둑을 예방하는 가장 지혜로운 방법은 아이가 스스로 학습할 수 있도록 그 어떤 것보다 우선해서 책 읽는 시간을 마련해주는 것이다.

Q 28 책을 읽을 줄 아는데도 계속 읽어주어야 하나요?

아이들 어렸을 때 나는 매일 동요를 한 곡씩 불러주었다. 매일 그날의 주제곡을 정해 아침부터 혼자 반복해 불러주면 아이는 엄마가 부르는 걸 듣고 있다가 점심때쯤 되면 저 혼자서도 잘 불렀다. '나이'라는 동요를 열심히 불러준 날이었다. 역시 점심때가 지나자 아이가 혼자서 노래를 불렀다. "나무도 나무도 나이를 먹는다. 우리들처럼 나이를 먹는다~" 갓난아기였던 동생 곁에서 토닥토닥 자장가처럼 그 노래를 부르던 두 살짜리 딸이 나를 보며 말했다. "엄마, 아기들은 나이를 못 먹죠? 이가 없잖아요." 큰딸은 아주 일찍 말을 했고 글자도 빨리 읽었다. 말이 빠르고 글자를 빨리 읽게 된 것을 나는 딸의 어휘력까지 같이 자란 것으로 착각했다. 가르치지 않은 것까지 저절로 알고 있을 거라고 잘못 생각한 것이다. 아마도 딸은 '나이'라는 것이 과자이름 정도 되는 줄 알았나보다.

딸이 유치원에 다닐 때였다. 당시 딸이 다닌 유치원은 동네에서 제법 큰 사립유치원이었는데, 그 유치원은 매일 유치원에서 정해준 간식을 준비해가야 했다. 유치원 규모가 크니 호박전을 싸가야 하는 날에는 동네 슈퍼마켓에 호박이 동이 나고, 게맛살 부침을 간식으로 준비해야 하는 날에는 버스를 타고 다른 동네로 게맛살을 구하러 다녀야 했다. 엄마가 정성껏 준비한 다양한 음식을 접하게 해주려는 유치원의 교육의도를 알기에 불평 없이 따랐지만, 나에게 간식 챙기기는 정말 큰 숙제였다. 계획표를 보고 미리미리 챙겨놓기도 했지만 상하기 쉬운 채소는 전날 준비해야 싱싱한 것을 가져갈 수 있어서 미리 준비해두지 않고 있다가 깜빡하고 전날 후다닥 챙기기 일쑤였다. 그런 날은 늘 간식재료를 찾아 동네를 뱅뱅 돌곤 했다. 내가 일을 마치고 집으로 돌아가는 길에 슈퍼마켓에 들르면 이미 재료가 다 떨어졌기 때문이다.

한번은 퇴근하기 전에 아이에게 전화를 했다. 집 근처에 가면 재료를 구할 수 없을 것 같아 미리 회사 근처에서 사가지고 가기 위해서였다. "내일 간식이 뭔지 볼래? 엄마가 사갖고 가려고." 그러자 아이는 식단표를 보고 명랑하게 말했다. "응, 엄마 내일은요, 두 가지네요. 근데 방울토마토는 집에 있으니까 '적당량'만 사오세요~" 다음 날 준비할 간식은 바로 '방울토마토 적당량'이었다. 아이의 나이 6세. 글자도 숫자도 또래들보다 훨씬 빠르게 익혔고 말도 빨리 시작해 아이가 나름대로 영리하다고 믿었는데, '적당량'만 사오라니… 남들이 들었다면 그저 웃으며 지나갔겠지만 엄마인 나는 그날 충격을 받았다. 그리고 그날부터 아이가 혼자 알아가도록 두었던 어휘공부에 신경을 써야겠다고 생각하게 되었다.

보통 엄마들은 아이가 글자를 읽게 되면 속으로 한시름 놓았다고 생각한다. 이제 목 아프게 책을 읽어주지 않아도 스스로 읽을 수 있다고 생각하는 것이다. 그러나 '글자를 읽는 것'과 '글을 읽는 것'은 다르다. 글자를 읽을 줄 알아도 그 의미를 모르고 읽는 경우가 많다는 걸 꼭 기억해야 한다. 처음 한글을 가르칠 때 낱자 중심으로 기호를 익히듯 글자를 읽게 되면 글자는 읽되 의미를 이해하지 못하는 현상이 더 심하다. 그러므로 글자를 가르치는 가장 좋은 방법은 동화책에 있는 글자를 손가락으로 하나하나 짚어가며 읽어 자연스레 의미와 함께 깨우치게 하는 것이다.

'베드사이드 스토리(bed side story)'라는 유대인들의 자녀교육법이 있다. 잠들기 전 아이의 침대 머리맡에서 책을 읽어주는 교육법이다. 엄마의 다정한 목소리를 들으며 아이는 편안하게 잠이 드니 심리적 안정감을 느끼는 것은 물론이고, 잠들기 전 들은 동화가 아이의 잠재기억 속에 저장된다. 실제로 아이는 전날 들려준 동화의 뒷이야기가 궁금해 다음 날 바로 그 책을 찾는 경우가 적지 않았다.

동화를 들려주며 아이와 이야기를 나누는 방법도 의미 이해를 도와주고 아이의 생각을 키워주는 좋은 방법이다. 하지만 너무 지나치게 어휘학습에 치우쳐 동화책을 읽으면, 아이의 자연스러운 책 읽기 흐름을 방해할 수 있으니 조심해야 한다. 최대한 자연스럽게 흐름을 타고 읽어주는 것이 좋다. 중간에 알 듯 말 듯하게 한두 마디 어휘를 재미있게 설명해주고 그 단어를 따로 공책에 적어주면 좋은 어휘집이 될 수 있다. 그리고 그 어휘가 나온 문장까지 곁들여 적어놓으면, 그 단어를 다시 만날 때 문장까지 연결해 생각하니 어떤 의미인지 아이가 금방 떠올릴 수 있다. 예를 들어 '헬렌 켈러가 어머니를 상봉하자'의 구절을 적어두고 '상봉'을 설명해주면, 그 단어가 나온 문장도 함께 떠올라 의미를 바로 생각해낼 수 있다.

부모가 시간이 나고 아이가 원한다면 초등학교 고학년까지라도 책을 읽어주는 게 좋다. 말로 읽어서 자연스럽게 바꾸는 과정에서 글은 책 밖으로 나와 생각이 된다. 아이가 크면 구어체로 되어 있는 책을 읽어주는 것도 좋다. 글쓴이가 독자인 아이에게 말하듯이 적어놓은 책을 마치 엄마가 아이에게 말하듯이 읽어주면 엄마가 들려주는 이야기인 듯해서 더 좋아한다. 그러나 엄마의 목소리로 책을 읽어주는 것의 더 큰 소득은 어휘의 자연스러운 확장보다도 엄마와 아이의 유대가 한층 돈독해진다는 점이다.

전집을 사면 읽는 책만 읽어요.
단행본이 더 나은 거죠?

결론부터 말하면, 전집에 대해 부정적인 이야기를 많이 하지만 어린아이에게는 전집을 사주는 것이 더 낫다. 전집은 기획 단계부터 순서에 맞게 체계적으로 빠짐없이 제작했기에 낱권으로 한 권씩 사다주는 것보다 어린아이들에게 더욱 유익한 것 같다. 제본이 튼튼함은 물론 색조가 다채롭고 아이들의 시력을 고려해 빛에 반사되지 않게 무광처리한 것까지, 아이들을 위해 제작된 좋은 전집은 낱권 판매를 목적으로 만든 책보다는 품질이 월등히 좋다.

더구나 나는 일을 하느라 서점 나들이도 자주 할 수 없었기에 서점에서 사온 책만으로는 아이의 독서체계를 잡기에 어딘지 구멍이 많은 것 같았다. 서점에서 낱권으로 사와 아이의 책꽂이를 채워주려면 적어도 아이가 갖고 있는 책의 목록이나 아이의 독서 경향을 잘 알고 있어야 하는데, 직장 일에 바쁘고 집안일도 많았던 나는 그럴 시간이 없었다. 그래서 차라리 전집을 사놓고 서점 갈 시간에 아이에게 읽어주는 게 더 낫다고 생각했다.

처음엔 나도 전집에 거부감이 있었다. 아이 손잡고 서점에 가서 아이의 선택을 존중해 책을 골라주는 것이 더 교육적이고 고상한 엄마가 되는 일이라고 생각했다. 그러다 내가 전집을 사주어야겠다고 생각한 계기가 있었다. 아이가 세 살이었을 때다. 옆집 사는 딸아이의 친구가 놀러왔는데, TV에서 <장화 신은 고양이>라는 동화를 어린이 연극으로 만들어 보여주는 프로가 나오고 있었다. 그러자 장난감을 가지고 놀고 있던 그 아이가 TV 앞으로 바짝 다가앉으며 말했다. "우리 집에 저 책 있는데…" 그 아이는 그 프로를 열심히 시청하는 반면 우리 아이는 그 아이처럼 큰 관심을 보이지 않았다. 그때 나는 머릿속에 뭔가가 번쩍함을 느꼈다. 그 아이 집에는 저 동화책이 있고 우리 집에는 없는 차이가 아이의 관심을 불러일으키는 정도의 차이를 만든 것이다. 그 책에 대해 잘 알고 있지 않더라도, 그저 책꽂이에 꽂혀 있는 걸 보았다는 것만으로도 아이는 그 동화와 이미 친숙해 있었다. 그 아이는 분명히 집으로 돌아가 그 책을 꺼내, "엄마, 오늘 이거 TV에서 봤어요. 읽어주세요"라고 말할 것이다. 관심을 유발하게 하려고 미리 준비해 아이 앞에 놓아두는 것만으로도 넓은 의미의 선행학습이었던 것이다.

나는 다음 날 바로 전집동화를 사서 아이의 눈앞에 가득 펼쳐주었다. 그리고 일단 내가 먼저 죽 훑어보았다. 어린아이의 책을 가장 먼저 읽어보아야 하는 사람은 엄마다. 엄마는 아이의 책을 미리 읽고 뭘 가르쳐주어야 할지 알고 있어야 한다. 삼일절이 다가오면 유관순에 대해 알려주고, 어린이날이 다가오면 방정환에 대해 미리 책을 읽어주는 일도 책이 두루두루 갖춰져 있을 때 하기 쉽다.

그렇다고 굳이 새 책을 마련해야 한다는 건 아니다. 가까운 친척에게 얻을 수도 있고 중고서점에서 저렴하게 구할 수도 있다. 책을 구입하는 방법이 문제가 되는 것은 아니다. 아이 손을 잡고 서점에 가서 좋아하는 책을 사주어야만 교육적인 엄마가 아니라 어떤 방법으로든 좋은 책을 많이 준비해 읽어주는 엄마가 교육적인 엄마다. 물론 전집으로 아이 방을 가득 채우라는 말은 아니다. 어느 정도 기본 전집을 갖춘 후에, 아이에게 책 읽는 습관이 형성되면 단행본으로 되어 있는 좋은 책을 서점에서 구입하여 아이의 책꽂이를 채워주어야 한다.

그 밖에 전집을 사면, 아이가 매번 읽는 책만 계속해서 읽는다는 이야기를 많이 한다. 물론 전권을 다 읽고 나서 유독 관심을 끄는 어떤 책을 아이가 좋아할 수 있겠지만, 대부분 한 번 읽어본 책을 또다시 읽어달라고 갖고 오는 경우가 더 많다. 아이의 올바른 식습관을 형성해주는 것은 어린 시기의 식탁이다. 아이가 바르게 성장하기를 원한다면 아이가 고기만 좋아한다고 고기만 반찬으로 줄 수 없듯이 독서의 반찬도 골고루 갖춰주어 맛들이도록 노력하여야 한다. 책도 골고루 맛보여 재미있다는 걸 알게 해야 한다.

나는 매일 아침 다섯 가지 전집에서 그날 날짜와 같은 번호가 쓰인 책을 탁자 위에 두었다. 2월 1일이면 명작동화, 창작동화, 전래동화, 자연관찰, 위인전기의 1번 책을 모두 꺼내는 것이다. 그리고 그 책은 그날 반드시 아이에게 재미있게 읽어주는 것을 내 숙제로 여겼다. 내가 바쁜 날에는 남편에게 읽어주라고 부탁하기도 하여 정해진 번호의 책은 꼭 읽어주었다. 이렇게 하면 한 달이면 30권짜리 전집은 다 훑은 셈이고, 적어도 두 달이면 60권짜리 책도 한 번 정도는 훑게 된다. 그러면 아이가 미처 펼쳐보지 않아 재미있는 줄 몰랐던 책이 있을 수 없게 된다. 책 읽기를 좋아하는 아이는 어느 책이나 거의 편식하지 않는다. 처음 맛을 들이기가 문제일 뿐이다.

누나처럼 독서광은 아니었지만 누나 따라 책을 펼쳐들고 놀던 아들도 주변에 책이 널려 있으니 책을 많이 읽게 되었다. 여러 아이를 가르치면서, 책은 널려 있는데 잘 안 읽는 아이와 책은 별로 없는데 책을 좋아하고 잘 읽는다고 칭찬받는 아이 가운데 결과적으로는 책이 많은데 안 읽는다고 투정 부리는 집 아이가 책을 더 많이 읽고, 더 많이 알고 있다는 놀라운 사실을 알게 되었다. 전집을 사든 단행본을 사든 그것은 문제가 안 된다. 무엇보다 아이의 독서밥상을 골고루 갖춰주는 엄마의 지혜와 노력이 제일 중요하다.

Q 30 · 아이가 좋아하는 책을 직접 고르게 하는 방법은 어떤가요?

 서점에 데리고 가서 아이가 읽고 싶어 하는 책을 직접 고르게 하고 사준다는 민주적인 엄마가 있다. 물론 아이가 자신이 좋아하는 책을 직접 고르면 엄마가 선택해준 책보다 흥미롭게 읽을 수는 있다. 그러나 이때는 반드시 아이가 고른 책이 어떤 내용인지 엄마가 먼저 살펴보아야 한다. 아이들이 좋아하는 책 중에는 도리어 책을 읽고 정서를 해치는 내용도 많기 때문이다. 예를 들어 '명랑 깔깔 시리즈'나 '흡혈귀 시리즈' 등과 같은 책은 아이들이 아무리 재미있게 읽어도 "우리 아이는 책을 참 좋아해요"라며 흡족해할 성질의 책이 아니다.

아이의 인성이 형성되는 시기에 아이가 읽는 책 한 권이 아이의 평생을 바꿀 수 있는 지침서가 될 수도 있다. 그렇기 때문에 아이들이 따분해하고 싫어하더라도 권선징악이 분명한 고전이나 명작을 읽으며 옳고 그름의 가치를 깨달아갈 수 있게 해주어야 한다. 아이가 맛있어 하지는 않지만 몸에 좋은 음식이기 때문에 먹으려고 노력하듯이 독서도 체계

와 방향을 갖추고 지도해야 한다. 좋은 책을 읽는 법을 길들이고 가르치며 아이의 정서를 해치지 않는 양서를 골라주는 일도 엄마의 몫임을 알아야 한다.

또 한편으로는 아이에게 책을 사주면 읽을 거냐고 먼저 물어본 뒤 사주는 엄마들이 있다. 그런 엄마들은 대부분 경제이론에 밝은 사람들 같다. 투자대비 효용극대화를 추구하니 말이다. 책을 사주었을 때 아이가 방치하고 읽지 않으면 손해라 여겨, 먼저 아이에게 잘 읽겠다는 확답을 받고 나서야 책을 사준다. 그런데 이런 엄마를 둔 아이들은 선뜻 읽겠다고 말하기를 두려워하는 경향이 있다. 잘 읽겠다고 대답해놓고 잘 읽지 않으면 엄마에게 호되게 당하기 때문이다. 그래서 아이는 자칫하면 엄마에게 시달릴지도 모르니 책을 사지 말라 하고, 엄마는 읽겠다는 아이의 확답을 못 들었기에 전집류 같은 값비싼 책은 절대 안 산다. 그리고 차선책으로 서점에서 단행본을 사서 읽게 하는 것이다.

굳이 책뿐만이 아니다. 아이의 의견을 존중하는 것이 중요하다고 여기는 부모들이 많아지면서 학습지나 학원도 아이들이 원해야 보내고 싫다 하면 바로 정리하는 사례가 많아졌다. 물론 개인의 소질과 능력이 다르기 때문에 부모가 원하는 대로만 아이를 키울 수는 없다. 부모가 피아노를 배우라고 해도 아이가 피아노 치는 것을 지나치게 싫어하면 억지로 보낼 수 없다. 억지로 해서는 능률도 오르지 않을뿐더러 시간과 돈만 낭비하게 된다. 그러나 나는 아이의 의견을 존중하되 모든 의견을 전적으로 아이의 판단과 결정에 맡겨서는 안 된다고 생각한다.

큰딸은 피아노를 중3까지 친 데 반해 아들은 초등학교 3학년까지 치고 중단했다. 살아가면서 악기 하나 정도 다룰 줄 알면 삶이 풍요로워질 거라 생각한 나는 끝까지 피아노를 가르치고 싶었다. 딸은 다행히 저 스스로 피아노 치는 것을 좋아해 10년이 넘게 배웠고, 지금까지도 자신만의 소중한 특기로 여기지만 아들은 달랐다.

어느 날 아들이 나에게 와서 진지하게 말했다. "엄마, 엄마의 생각을 강요하지 마세요. 저는 여자들이 치는 피아노 같은 건 하고 싶지 않아요." 나는 그때 큰 충격을 받았다. 내가 아들 말대로 아이의 성향을 고려하지 않고 내 뜻대로 시킨 건 아닌지 반성도 했다. 그래서 결국 아들의 피아노 수업을 중단할 수밖에 없었다.

그 후 아들은 가끔 마지막으로 치던 노래 '즐거운 우리 집'을 혼자서 연주하곤 하는데 내심 피아노를 계속 치지 않은 걸 후회하는 표정이었다. 그 표정을 볼 때면, 때로는 아이가 싫다고 하더라도 잘 설득해 엄마 생각대로 이끌어주는 것도 중요하다는 생각이 들었다. 아이들은 가치 판단이 아직 미숙해서 아이 생각만 전적으로 존중하는 것이 훗날 돌이킬 수 없는 실수가 될 수 있기 때문이다.

책값이 너무 비싸서 방문대여업체에서 책을 매주 받아 읽혀요

책을 일주일에 몇 권씩 빌려서 아이에게 읽히는 엄마들이 많다. 이것이 반드시 잘못된 방법은 아니다. 어떤 방법이든 책을 많이 읽히는 건 아이에게 바람직하기 때문이다. 게다가 수박 한 통 가격으로 한 달 내내 여러 가지 다양한 책을 맛볼 수 있다는 것은 책 가격이 만만치 않은 현실에 비추어보아 매우 경제적이기까지 하다. 단지 내가 염려하는 것은 아이가 아주 어릴 경우, 이 방법만으로 아이의 독서력을 길러주는 것은 무리라는 것이다.

아이들은 한 번 읽는 걸로 그 책을 완전히 이해하지 못한다. 나이가 들고 생각이 자라면서 똑같은 책을 읽어도 늘 새로운 것을 받아들이고 느낀다. 나는 방문대여 책을 읽혀본 적이 없다. 한 달에 한 권일지라도 아이 자신의 책을 마련해주는 것이 옳다고 생각했다. 만약 아이들이 빌려온 책만 읽었다면, 같은 책을 다시 읽기가 쉽지 않았을 것이고, 또 전에는 미처 느끼지 못했던 것을 새롭게 느낄 수 있는 기회를 얻지 못했을 것이다.

실제로 아이들을 키우다 참 신기한 걸 발견했다. 읽은 책을 읽고 또 읽고 한다는 것이다. 큰딸은 열여덟 번이나 읽은 책이 있다. 책의 내용을 거의 외고 있어도 또다시 그 책을 찾았다. 고등학생이 되어 시험을 치르는 기간에 잠시 휴식을 취하는 방법으로 딸은 읽고 또 읽은 그 책을 다시 읽었다. 어려서부터 보던 책이니 편안함과 안정감을 느끼는 것 같았다.

하지만 아이에게 좋다는 책을 모두 사주다보면 공간도 문제고 가격도 문제다. 여유가 없으면 일단 기본 책만 갖추어주고 나머진 빌려서 읽히면 된다. 취학 전에는 가까운 도서관을 이용하고 아이가 학교에 입학하면 학교 도서관에서 빌려 읽히면 좋다. 요즘은 학교 도서관 시설이 훌륭해 웬만한 책은 다 갖추어져 있고 학교 도서관을 이용하면 덤으로 얻을 수 있는 것도 있다. 학교마다 도서관을 많이 이용하는 어린이를 표창하는 제도를 마련하는 등 책 읽기를 독려하고 있어 아이에게 상받는 기쁨까지 줄 수 있다.

방문대여업체가 필요할 때도 있다. 독서를 꾸준히 하며 자란 아이는 독서력이 왕성해져서 두꺼운 책도 두 시간이면 후딱 읽어버린다. 그 아이의 독서력에 맞춰 책을 사주기엔 책값이 부담스러운 것은 물론 집 안을 책으로 가득 채울 수는 없으니 이때는 방문대여를 이용하는 것이 좋다. 도서관 책은 여러 사람이 돌아가며 읽으니 차례를 기다려야 하거니와 도서관 책을 웬만한 건 다 읽었을 경우, 방문대여는 저렴한 가격으로 좋은 책을 많이 접할 수 있는 좋은 방법이 된다.

책을 빌려 볼 경우, 문득문득 전에 읽었던 동화책의 제목과 내용이 생각날 듯 말 듯하는 경우가 있다. 나도 아이들과 구립 도서관과 학교 도서관을 자주 이용했는데, 이때는 반납하기 전에 읽은 책의 제목과 출판사, 저자명을 꼭 적어두게 하였다. 반납한 책 중에서 한 번 더 읽고 싶은 책이 생길 수 있기 때문이다.

내가 어렸을 때는 책을 구입해서 읽는 것이 쉽지 않아 학교 도서관에서 빌려와 읽곤 했다. 어떤 책은 밤을 꼬박 새우면서 읽었는데 아침에 그 책을 반납해야 하는 것이 슬펐다. 소설의 주인공과 밤새 정이 들었던 것이다. 중1때였나 보다. 그날도 책을 빌려와 읽는데 너무 슬퍼서 이불을 뒤집어쓰고 엉엉 울었다. 일본 사람이 쓴 책인데 지금은 내용도 기억나지 않고 '사랑이 흘러간 곳'이라는 제목만 희미하게 생각난다. 얼마 전 교보문고에 가서 찾아보았는데 그런 책은 없다고 했다. 번역서니 다른 제목이 붙여졌을 수도 있고 절판되었을 수도 있다. 그런 기억이 있어 나는 아이들이 읽은 책을 훗날 다시 읽어보고 싶을 때 찾을 수 있도록 제목과 출판사 이름을 적게 했다.

결론적으로 말하면 생각이 자라는 어린 시기에는 반납하지 않아도 되는 아이 소유의 책을 기본으로 갖춰주고, 충분히 독서력이 생긴 이후엔 빌려서 읽히는 것도 괜찮다는 것이다. 또 빌려 읽기를 자주 하더라도 매주 또는 매월 날을 정해 엄마와 서점에 나가 신간도 살펴보고 단행본으로 나온 책 중 읽고 싶은 책을 두어 권 사오는 것도 좋다. 그리고 빌려서 읽은 책은 책 제목과 저자명 등을 기록하고 돌려주어 다시 읽고 싶을 때 찾을 수 있게 하라는 말도 기억해두자.

책은 좋아하는데 독후감만 쓰라 하면 기겁해요

아이가 책은 많이 읽는데 글을 쓰는 능력은 떨어진다고 걱정하는 엄마들이 많다. 하지만 크게 걱정할 필요가 없다. 언어습득 순서는 듣기, 말하기, 읽기, 쓰기 순서로 되기 때문이다. 많이 들어본 아이가 말도 빨리하게 되며, 많이 읽어본 아이가 글도 잘 쓸 수 있다.

간혹 이야기를 많이 들려주는데도 아이가 말을 늦게 한다고 걱정하는 엄마가 있다. 그런 아이는 뇌 속의 언어저장고가 넓어 아직도 쌓아두고 있을 뿐이다. 말을 일단 시작하게 되면 완전한 문장으로 유창하게 말하게 될테니 걱정하지 말고 계속 이야기를 많이 들려주라고 상담하는데, 실제로 정확하다. 오래지 않아 말을 하게 된 아이는 또래아이들보다 표현을 유창하게 해낸다. 마찬가지로 책은 많이 읽는데 글쓰기에는 능숙하지 않다면, 아직 표현할 시기가 되지 않아서일 뿐 아이는 글을 잘 쓸 수 있는 능력을 차곡차곡 저장하고 있는 것이니 걱정할 필요가 없다.

엄마가 정말 걱정해야 할 일은 좋은 글을 쓸 수 있는 준비작업인 책

읽기를 아이가 게을리 할 때이며, 이 경우에는 어떤 방법을 쓰더라도 아이가 좋은 책을 많이 읽을 수 있도록 격려해주어야 한다.

아이들에게 뭔가 가르칠 때 엄마들은 빨리 확인하고 싶어 한다. 그래서 하나 가르치고 물어보고 또 하나 가르치고 물어본다. 하지만 아이들에게는 먼저 충분히 알려주고 질문은 최대한 늦추는 것이 가장 좋다. 책 읽기도 그렇다. 책을 한 권 읽고 나면 아이가 이 내용을 알고 있나 확인해보고 싶어 한다. 그러나 그것은 좋은 방법이 아니다. 차라리 아이가 이해했는지 물어보지 말고 아이가 읽은 책을 엄마가 한 번 더 부연설명을 해가면서 읽어주는 게 낫다.

어린아이들을 독서지도하면서 가장 중요하게 생각해야 하는 것은 아이에게 책 읽기를 좋아하게 만드는 것이다. 책 읽기는 강요받아서 하는 지겨운 작업이 아니라 스스로 재미있어서 하는 즐거운 일이 되도록 만들어야 한다. 그러기 위해서는 책을 읽은 후의 활동을 강요해 아이에게 부담을 주어서는 안 된다. 독후활동을 하고 싶다면 아이에게 최대한 부담을 주지 않고 놀이처럼 접근해 자연스럽게 생각을 끄집어내는 것이 좋다.

큰아이가 유치원에 다닐 때였다. 저녁식사 후 둥근 식탁에 과일 한 접시를 깎아놓고 남편과 아이 둘을 앉히고는 동화책 다섯 권을 꺼내와 말했다. "종이를 한 장씩 줄 테니 돌아가면서 책을 읽고, 그 종이에 딱 한 문장씩 느낀 점 적기 게임을 합시다. 두 문장은 안 됩니다. 딱 한 문장만 적으세요." 글을 길게 쓰려면 부담스럽지만 한 문장만 쓰는 정도는 만만하게 느껴진다. 네 사람은 식탁에 둘러앉아 똑같은 동화책 다섯 권을 돌려 읽으면서 각각 한 문장씩 한 줄짜리 독후감을 종이에 적었다. 그리고 한 줄 독후감을 돌아가면서 발표했는데, 한 줄로 생각을 적다보니 재미있게도 같은 문장이 나왔다. 같은 생각을 적은 두 사람은 마주보며 동지라도 된 듯 손바닥을 마주쳤다.

때로는 퀴즈대회를 열기도 했다. 나도 모르는 사이에 아이들의 독서량이 부쩍 늘어났는지, 글자가 작고 제법 두꺼운 책을 몇 시간 안에 읽었다고 하기에 내용을 제대로 알고 있는지 궁금했다. 확인해보고 싶었지만 혹시라도 부담을 줄 것 같아 생각해낸 것이 놀이를 가장한 독후활동인 셈이었다. 요즘 초등학교마다 독서권장 활동으로 시행하는 일종의 '독서 골든벨' 같은 거였다. 내용을 알고 있는지만 확인하면 됐기에 문제는 간단하고 쉽게 냈다. 그런데 아이는 내 우려와 달리 답을 다 맞혔다. 혼자 책을 읽으면서 자연스레 책 읽기 속도도 빨라진 것이었다.

독후감상문 쓰기는 아이가 책 읽기를 즐겨하여 취미로 굳어진 후 자연스럽게 이끌어도 늦지 않다. 우선 책을 읽고 책 제목을 적게 하여 성취감을 높여주고, 책의 내용에 대해 자연스럽게 대화를 나누는 수준으로 단계를 점진적으로 높여간다. 아이가 책 읽기를 즐거운 일로 생각하게 되면 독서 지도는 늘 푸른 신호등일 것이다.

1. 동시집이나 시집은 어떤 게 좋을까요?

나는 시를 좋아한다. 시를 속으로 음미하며 읽는 것도 좋아하지만 특히 마음에 드는 시를 암송하는 것을 좋아한다. 가타 반주를 하며 시를 소리 내 낭송하면 울적했던 마음이 편안해진다.

보통 시집을 사서 읽기도 하지만, 한 시집 안에 실린 모든 시가 내 마음에 쏙 드는 것은 아니고 몇 편이 유독 마음을 끄는 경우가 많았다. 그래서 나는 따로 종이에 적어 나만의 시집을 만들어 갖고 있다. 나만의 시집 안에는 책에서 베껴 적은 시만 들어 있는 게 아니다. 도서관 복도나 지하철 휴게실을 지나치다 내 마음을 끄는 것이 발견되기라도 하면 메모지와 볼펜을 꺼내 베껴 적는다. 그리고 집에 와서 내 시집에 정서해둔다. 내 시집 속의 시들은 그래서 여기저기서 모여든 게 많다. 내 눈에 띄어 나에게로 왔으니 특별히 애정이 더 간다. 나는 소중한 친구들이나 지인들에게 내 시집에 들어 있는 시를 적어 보내주기를 즐겨한다.

아이들도 그런 과정을 거쳐 동시집을 마련해 갖고 있다. 동시집의 동시를 차례대로 읽기보다 특히 마음을 끄는 동시를 자기만의 동시집에 적어두고 읽으면 훨씬 더 애정이 가고 소중하게 느껴진다. 동요도 노래책에 가사를 적고 그 노랫말과 어울리는 그림을 그려넣었듯이 동시도 시화처럼 만들어 갖고 있으면 세상에서 하나뿐인 자기만의 동시집이 되는 것이다.

강의를 마치면 좋은 동시집을 추천해달라는 말을 많이 듣는다. 하지만 특별히 어떤 동시집을 선택하려 하기보다 서점에 나가 동시집을 많이 읽어보고 아이 수준에 맞는 것을 부모가 고르면 된다. 그리고 동시집을 한없이 사서 모으기보다는 아이만의 동시집을 만들어주면 좋다.

인터넷의 어린이 동시 모임 사이트나 카페를 이용하면 좋은 시를 얼마든지 만날 수 있다. 엄마가 먼저 읽어보고 아이가 좋아할 만한 동시를 베껴 적어둔다. 그리고 아이와 함께 낭송해보며 아이만의 동시집을 만들어주는 것도 좋은 방법이라 생각한다.

2. 집에 책이 별로 없어도 도서관만 이용하면 되죠?

도서관을 지혜롭게 이용하면 교육비를 줄이면서 아이를 잘 키울 수 있는 좋은 방법이다. 요즘은 어느 곳이나 가까운 곳에 시립, 구립 도서관이 있어 잘만 이용하면 많은 것을 얻을 수 있다. 무료로 책을 빌려주는 것은 물론이고 각종 공연이나 영화관람까지 할 수 있으며 다양한 이벤트도 열고 있다.

그러나 아이들의 읽을거리를 도서관에서만 찾으려는 것은 바람직하지 못하다. 도서관이 24시간 개방되어 있는 것도 아니며, 어쩌다 아이 손을 잡고 도서관 나들이를 갔다가 휴관일이어서 돌아온 경험도 있을 것이다. 그뿐만 아니라 빌려온 책을 반납하기로 한 날 마침 일이 생겨 제때에 반납하지 못하면 연체되어 책을 빌릴 수 없고, 읽고 싶은 책이 있어 찾으면 대출되어 있는 경우도 적지 않다. 경제적으로나 정서적으로나 도서관은 더할 나위 없이 좋은 교육공간이 되어준다. 하지만 아이에게 가장 훌륭한 도서관은 24시간 항상 개방되어 있고 반납하거나 대출할 필요 없이 언제나 읽고 싶을 때 읽을 수 있는 '우리집 도서관'이다.

얼마 전부터 거실에서 TV를 없애고, 거실을 가족 도서관으로 만들려는 가정이 많아지고 있다. 저녁식사 후 온 가족이 함께 모여 책을 읽는 모습은 정말 평화로워 보인다. 지난해 이사 오고 나서 가장 기뻤던 것은 우리집 바로 옆에 도서관이 건립된다는 소식이었다. 얼마 전 착공했는데 내후년쯤이면 완공한단다. 막내와 도서관 나들이를 걸어서 할 수 있다는 생각에 벌써부터 마음이 설렌다.

Q 33
학교에서는 일기를 일주일에 두 번만 숙제로 쓰게 해요. 매일 쓰는 게 좋은가요?

생각해보면 나의 자녀교육에서 가장 중요한 두 축을 이룬 것은 어린 시절 불러주었던 동요와 매일 쓰게 한 일기장이다. 동요는 밝은 마음과 따뜻한 감성의 기초가 되어주었고, 언어샤워를 통해 일찍 글자를 읽게 하고 뇌에 자극을 많이 준 즐거운 매체였다. 또 초등학교 입학하는 그해 1월 1일부터 6학년을 마치는 해 12월 31일까지 꼬박 6년을 매일같이 적은 일기장은 20년 교육의 허리와 같은 역할을 충분히 해주었다.

일기장을 이용하면 교육적 효과를 매우 많이 얻을 수 있다. 그중에서도 일기를 지도하면서 얻게 된 가장 큰 이점은 지구력이었다. 매일 한 줄이라도 일기를 적도록 지도하였더니, 아이들은 저녁 먹고 나서 양치질 하는 것처럼 습관적으로 일기를 썼다.

또 매일 일기를 쓰는 습관은 특별할 것 없는 일상에서 생각거리를 찾아낼 줄 알게 하였다. 국어를 잘하기 위해서는 많이 생각하는 것이 중요한데, 매일 일기를 쓰다보면 평범한 일상에서도 쓸거리를 찾을 줄 알게 되고 그 과정에서 사물을 깊이 있게 바라보고 생각하는 습관을 갖게 한다.

학교에서는 학년마다 선생님이 바뀌고 그때마다 일기쓰기 지도 방법도 달라지기 마련이다. 어떤 선생님은 매주 두 번씩 일기쓰기를 숙제로 내주시기도 하고, 어떤 선생님은 자율에 맡겨 몇 회를 쓰든 관여하지 않으시기도 한다. 하지만 매년 바뀌는 선생님의 교육방침에 맞추어 이리저리 우왕좌왕하지 말고, 엄마가 일기지도의 중심에 서서 일기쓰기를 이끌어주는 게 좋다. 선생님이 일기를 주 2회 쓰라고 하셨다고 해도, 매일 쓰는 아이를 칭찬하시면 하셨지 나무라지는 않으신다.

무엇보다 가장 중요한 점은 학교숙제로서가 아니라 하루를 돌아보고 내일을 설계하는 즐거운 시간을 갖는 의미로 일기쓰기를 해야 한다는 것이다. 쉬운 일은 아니겠지만 그만큼 얻는 것도 많으니 꼭 시도해보라고 권한다.

일기를 매일 쓰게 하셨다는데 쉽지 않아요. 안 쓰고 잔 날은 없었나요?

처음부터 일기쓰기 습관을 아무리 잘 들인다고 하더라도, 달콤한 꼬리글로 아무리 격려를 해도 한두 번은 고비가 오기 마련이다. 우리 아이들에게도 그 고비는 오래지 않아 찾아왔다.

초등학교 입학하고 얼마 후 월요일에 학교에서 줄넘기 시합을 한다고 연습해오라는 숙제가 있었다. 그래서 일요일 낮부터 아이랑 마당에서 줄넘기 연습을 한참 하였다. 다음 날 아이는 전날 너무 무리하였던지 몸살이 나서 아무것도 못하고 바로 잠이 들었다.

처음으로 일기를 못 쓰고 잠이 든 날, 나는 잠시 고민하였다. 그리고 아이의 일기장을 펼쳐 들고 다음과 같이 썼다. "오늘은 아침부터 열이 났다. 어제 엄마와 줄넘기 연습을 너무 많이 했나보다. 하지만 내가 평소에 운동을 소홀히 한 원인도 있었을 거다. 앞으로는 운동도 열심히 해서 몸이 건강한 어린이가 되어야 하겠다."

다음 날 아침 일어난 아이는 일어나자마자 일기장을 펼쳤다. 제 딴엔 매일 써야 하는 일기를 쓰지 못하고 잠이 들어 걱정이 되었나보다. 그리고 엄마가 써놓은 일기를 보고 깜짝 놀랐다. 나는 딸에게 말했다. "일기는 하루를 돌이켜보며 잘못된 일은 반성하고 더 나은 다음 날을 계획하는 중요한 일이므로 하루도 거르면 안 되는 거란다. 만약 도저히 일기를 쓸 수 없을 정도로 힘든 날이 있으면 엄마에게 말해. 엄마가 대신 써줄게. 일기는 이렇게 엄마가 대신 쓸지언정 매일 써야 하는 아주 중요한 거란다." 그날 아이는 일기는 매일 써야 하는 거라는 생각을 확실히 한 것 같았다. 6년 동안 하루도 빠짐없이 일기를 썼으니까.

아이들을 키우며 마음속에 있는 교육관을 실천하다보면 가끔 갈등이 생기기도 한다. 그러나 예외를 인정하면 언젠가는 원칙이 무너지게 된다. 그래서 나는 내가 중요하다 싶은 것은 고집스럽게 지켜가려 노력하였다.

일기쓰기는 내가 생각한 대로 아이의 바른 인성을 길러주는 교육의 장이 된 건 물론이고, 무엇이든 계획한 건 끝까지 해내고야 만다는 지구력을 선물로 안겨주었다.

받아쓰기를 하면 틀리지 않는데
일기를 쓸 때면 받침이 틀려요

아이들 일기지도에서 가장 중요한 것은 아이가 쓴 일기를 최대한 존중해주어야 한다는 것이다. 받침이 틀렸거나 표현이 어색하다고 마구 지우고 다시 쓰게 하면 아이의 마음에 상처가 된다. 아이가 쓴 글자가 틀렸다고 붉은색 펜으로 두 줄을 죽죽 긋거나 지우고 다시 쓰게 하는 등의 교정 행위는 아이들의 자존심을 다치게 할 수 있다는 걸 대학시절 교수법 과목을 수강하면서 배웠다.

처음 일기쓰기를 시작한 아이는 평소엔 잘 틀리지 않는 글자를 틀리게 쓴 적도 많았고, 앞뒤 문장이 자연스럽게 이어지지 않은 곳도 수두룩했다. 나는 붉은색 펜 대신 청색이나 녹색, 보라색 펜 등으로 틀린 글자나 어색한 표현에 밑줄을 그어 각각 번호를 매겨주었다. 그리고 일기장 맨 아래에 밑줄 친 부분을 바르게 고쳐 적어주었을 뿐 아이에게 직접 틀렸다고 말하지 않았다. 틀린 글자를 다음에 또 틀리기도 했는데, 그때도 역시 말없이 고쳐주었다. 그런 일이 몇 번 반복되자 틀린 글자가 점점 없어졌다.

　책을 읽고 나서 독후감을 강요하지 않아야 하는 것처럼 일기지도에서도 재미를 느끼게 하는 것이 우선이다. 틀린 받침을 끄집어내 다시 쓰게 하고 또 틀렸다고 잔소리하면, 일기쓰기는 엄마에게 야단맞는 지겨운 학습장이 되어버린다. 즐거움을 잃어버리게 되면 일기쓰기는 지속하기 어렵다. 그러므로 잔가지에 연연해 큰 줄기를 놓치지 않도록 가능하면 사소한 받침지도에 너무 집착하지 않는 것이 중요하다.

Q 36 글씨가 너무 삐뚤거려요. 글씨쓰기를 따로 지도해야 하나요?

요즈음 아이들은 컴퓨터를 익숙하게 다루다보니 손으로 일기를 쓰기보다 컴퓨터 자판을 이용해 쓰려고 한다. 우리 아이들도 그랬다. 그러나 나는 일기는 반드시 손으로 쓰도록 지도했다. 나는 글씨를 바르게 쓰는 것은 무엇보다 중요하다고 생각한다. 그래서 몇 번 컴퓨터로 쓰는 걸 봐준 적은 있지만 일기쓰기는 손으로 쓰는 것을 원칙으로 하였다. 일기를 쓰는 것으로 글씨 연습도 겸하기로 마음먹었기 때문이었다.

아이가 처음 일기쓰기를 시작한 초등학교 1학년 때는 글씨가 반듯하지 못하여 답답한 적이 많았다. 하지만 글씨에 연연해하지 않고 매일 쓰는 것을 칭찬해줬다. 그리고 또박또박 쓴 글씨 아래엔 칭찬의 글을 적고 심하게 삐뚤삐뚤 쓴 글 아래엔 격려의 글을 적어가며 지도한 결과, 해가 지나면서 점점 눈에 띄게 예쁜 글씨로 변해갔다.

매일같이 손으로 또박또박 하루를 적어가다 보니 초등학교 6학년 때는 글씨가 거의 컴퓨터 모니터 속 글자처럼 가지런해졌다. 마침 MBC

와 윤디자인이 공모한 '전국 예쁜 손글씨 대회'가 있어 학교대표로 참가했는데, 초등부 금상을 받았다. 당선된 딸의 글씨는 '아혜체'라는 이름으로 여러 사람들이 인터넷에서 다운받아 사용할 수 있게 되었고, 실제로도 사람들이 쓰는 것을 보았다.

글씨를 예쁘게 쓰기 위해 경필학원에 따로 갈 필요는 없다. 손가락에 힘을 주어 매일 밤마다 하루를 단정하게 그려가는 일기쓰기만으로도 예쁜 글씨는 충분히 얻을 수 있다. 그저 엄마는 천천히, 느긋하게 일기쓰기를 지도해주면 된다.

매번 일기 쓸 거리가 없대요

 나는 일기쓰기의 소재에 제한을 두지 않았다. 일기장엔 아이가 표현할 수 있는 어떤 것이든 적게 했다. 하루 중 있었던 일뿐 아니라 책을 읽은 후의 느낌이나 편지글도 좋았다. 동시도 적어보고 때로는 만화도 그려보게 했으며, 신문에서 사진을 오려붙이고 자기 생각을 적어보게도 했다. 일기장은 반드시 자신의 하루 일과를 적어야 하는 것이라는 생각보다는 다양한 장르의 창작활동지 정도로 생각하게 해주고 싶었다. 그 내용이 어떤 것이든 매일 꾸준히 적음으로써 조금이라도 아이의 생각을 끄집어내는 작업이 중요하다고 생각했기 때문이다.

간혹 아이가 정말 일기 쓸 거리가 없다고 말할 때도 있었다. 그럴 때면 나는 동시집에서 예쁜 시 한 편을 골라 아이에게 주며 " '오늘은 동시 한 편을 감상하겠다'라고 적고 그 시를 읽은 느낌을 두어 줄 적어보렴"이라고 일러주었다. 그러면 아이는 쓸거리가 없어 고민이던 차에 구세주를 만난 듯 내가 건네준 시를 받아 정성껏 베껴 적고 그 시와 어울

리는 그림까지 그렸다. 그리고 그 아래에 짧은 글로 느낌을 적었다. 예외를 인정하면 원칙이 무너진다는 말을 머릿속에 담고 나는 아이들이 매일 일기를 쓸 수 있도록 지도하였다.

그러나 이건 처음 일기를 쓰기 시작하면서 익숙하지 않아 하는 고민일 뿐이다. 일기를 매일 적다보면 도리어 쓸거리가 넘쳐서 걱정할 정도로 이는 문제가 되지 않는다. 매일 일기를 쓰는 습관을 들여 자신도 모르게 일상에서 글감을 찾아낼 줄 아는 놀라운 능력이 생기는 것이다. 떨어지는 나뭇잎을 보면서도 생각에 잠길 줄 알고, 친구의 말 한마디, 선생님의 말씀 한마디를 듣고도 한 장 가득 자기생각을 적을 줄 알게 된다.

매일 일기를 쓰다보면 생각의 깊이뿐 아니라 문장력도 같이 발전한다. 자신도 모르는 사이 그동안 썼던 글을 조합하여 근사한 문장이 나오기도 한다. 또 생각의 깊이가 깊어져 하루치 일기 양이 많아지고 일기장의 두께도 학년을 더할수록 두꺼워진다.

논술학원에 한 번도 다니지 않았지만 글짓기 상을 도맡을 정도로 아이에게 글 쓰는 것을 익숙하게 해준 일등공신은 바로 일기쓰기다.

일기장으로 인성 교육을 하셨다는데
어떤 방법이었는지 알고 싶어요

 나는 늘 아이의 일기장을 읽고 나서는 내 생각을 짤막하게 일기장 아래 적어주었다. 처음에는 직장에 다니는 엄마로서 아이와 낮 시간을 함께하지 못하는 공백을 채워보겠다는 마음에서 시도한 것이었다. 또 엄마가 적어준 격려의 글을 읽고 아이가 일기를 꾸준히 쓸 수 있도록 하려는 의도도 있었다.

엄마의 답글은 엄마와의 정서적 교감 이외에도 많은 것을 안겨주었다. 마치 물을 기다리던 나무에 내리는 단비처럼 엄마의 글은 아이에게 그대로 전해졌다. 때로는 위로의 글이, 때로는 칭찬의 말이 아이를 좀 더 깊이 생각하고 바르게 성장할 수 있도록 후원하는 역할을 했다.

답글은 아이의 감성을 자극하는 것 외에도 아이에게 작은 지식을 주는 창이 되기도 했다. 아이가 넘어져서 다친 어느 날, 아이 일기장 아래에 다음과 같은 글을 적어주었다. " '신체발부 수지부모 불감훼손(身體髮膚 受之父母 不敢毀傷)'이라는 말이 있단다. 우리 몸과 머리카락과 피부는 부모에게 받은 것이기 때문에 감히 다쳐서는 안 된다는 뜻이란다.

우리 몸을 소중히 여길 수 있도록 하자." 이 글을 써주면서 한자사전을 찾아 한자까지 써주었다. 훗날 어디선가 이런 글을 대하게 될 때 어디 선가 들어본 기억이 나서 좀 더 친숙하게 받아들이라는 의도를 담고 있었지만, 아이보고 읽어보라고 하거나 외우라고 말하지는 않았다. 그냥 적어주었을 뿐이다.

그런데 며칠 후 동생이 밖에서 놀다가 다쳐서 왔다. 그러자 딸은 동생을 보며 말했다. "신체발부 그런 게 있어. 우리 몸은 부모님이 주신 거라서 다치면 안 되는 거야." 나는 딸의 말을 듣고 깜짝 놀랐다. 내가 적어준 글을 읽고 기억하고 있었던 것이다.

그러나 무엇보다 일기장을 통해 얻을 수 있는 가장 큰 교육적 효과를 꼽으라면 나는 주저 없이 '인성이 바른 아이로 키우기'라고 말하겠다.

아이가 4학년일 때 일기에 내가 적어준 글 중 이런 글이 있다. "민석이도 열심히 마음을 모았다면, 더 멋진 작품을 만들 수 있었을 것이라니 안타깝구나. 민석이의 일기장에는 반성의 마음이 그려졌겠지? 하지만 공동의 작품을 만들 때 협동심을 발휘하지 않는 친구가 있다면, 그 친구가 함께할 수 있도록 이끄는 노력도 넓은 의미의 협동이란다. 탓하기 전에 같이 만들자고 말은 해보았니?" 공동작품을 만드는데 한 친구가 협조해주지 않은 것에 불평하는 내용의 일기였다.

만약 아이를 앞에 앉히고 내가 일기에 쓴 글을 설교조로 이야기 해주었다면, 아마 아이는 오래지 않아 엄마에게 잔소리를 듣는다고 생각하고 귀찮게 느꼈을 것이다. 그러나 일기를 통해 자신의 하루를 바라봐준 엄마의 짧은 글은 잔소리가 아닌 사랑이 가득한 조언으로 받아들여질 수 있었다.

아이들은 아주 작은 변화로도 기뻐했다. 글을 써주는 것 말고도 스티커를 붙여주기도 하고 예쁜 그림을 그려주기도 했는데, 그때마다 아이는 활짝 웃으며 좋아했고 다음엔 어떤 답글이 달릴지 기대하곤 했다.

일기 아래 글을 적으면서 나는 아이와 평생 이어지는 사랑의 올을 든든하게 짜고 있다고 느꼈다. 직장과 집안일에 지쳐 일기장을 앞에 두고 꼬박꼬박 조는 날도 많았지만 나에게 그 일은 엄마와 딸, 엄마와 아들이라는 소중한 관계를 이어가는 행복한 시간이었다. 비록 가계부의 글자는 삐뚤삐뚤했어도 아이들의 일기장을 대하는 순간만큼은 엄마의 글씨를 따라 할 것 같은 조심스러운 마음에 반듯한 글씨가 되려고 최대한 노력하였다. 그건 엄마로서 경건한 작업이었다.

Q39 선생님이 일기검사를 하시고 꼬리글까지 써주시는데 따로 해줄 필요는 없겠죠?

일기장에 엄마의 답글을 적어주라 했을 때 의외로 많은 엄마들에게서 이런 말을 들었다.

　인성이 형성되는 시기인 초등학교 때 일기지도는 많은 것을 얻게 해준다. 그렇기 때문에 학교에서도 선생님마다 각자 학습 방법과 정도의 차이는 있을지언정 대부분 일기지도에 적지 않은 정성을 들이신다. 심지어 매일 점심시간을 쪼개어 꼬리글을 쓰거나 쉬는 시간을 꼬박 투자해 아이들의 일기장에 정성껏 답글을 달아주는 선생님도 계신다.

　그러나 현실적으로 30명이 넘는 아이들에게 일일이 답글을 써주는 일은 쉽지 않다. 해야 할 일이 많은데 일기장을 꼼꼼히 읽고 아이의 마음을 헤아려 적절한 답글을 쓰는 것은 정말 어려운 일이다. 더구나 아이들이 쓰는 일기이기 때문에 어떤 말을 어떻게 써야 할까 생각하는 데만 30분이 들 정도로 황당한 내용도 있기 마련이고, 심하게 마음을 다쳐 위로해주어야 할 내용도 있다. 그렇기 때문에 진심어린 답글을 담임

선생님께만 의존하는 것은 무리다.

아이는 일기장의 답글을 읽으면서 자신의 감정과 생각이 이해되고 있다고 느끼고 또 관심과 애정을 듬뿍 받고 있다고 여기게 된다. 그로써 일기쓰기를 즐거운 일로 생각하고 진실로 행복할 수 있게 된다. 이런 중요한 일을 온전히 선생님이 대신할 수는 없다고 생각한다. 그 일을 할 수 있는 사람은 엄마뿐이다.

또 일기쓰기는 일관성 있게 지도해야 하는데 해마다 바뀌는 선생님의 방식을 따르다 보면 꾸준한 계획에 맞춰 지도하기가 어려워진다.

엄마가 써주는 글을 선생님이 어떻게 생각할까 마음 쓸 필요도 없다. 선생님은 엄마가 아이를 잘 키우는지 방치하는지 검사하는 검사관이 아니다. 선생님들 역시 우리 아이를 함께 키워가는 동지다. 아이들은 집에서는 엄마가, 학교에서는 선생님이 마음을 모아 키워가야 하는 우리들의 희망 나무다.

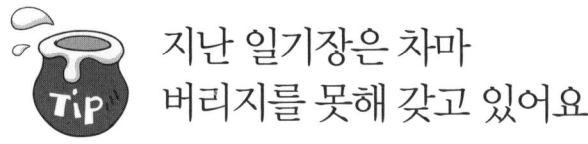

지난 일기장은 차마 버리지를 못해 갖고 있어요

아이들이 만든 물건은 버리기가 꺼려진다. 그러나 그런 모든 것을 다 보관하려면 공간이 부족하고 결국 집은 잡동사니가 되어버린다. 나 역시 아이들이 그린 그림이나 공작품 등을 버리지도 보관하지도 못해 고민한 순간이 많았다. 가끔은 아이의 작품을 모두 보관할 만큼 집이 넓지 않다는 핑계로 며칠 전시해두고 아이들 몰래 슬쩍슬쩍 버리기도 했다.

그러나 일기장만큼은 버리지 못했다. 아이들의 생각과 글씨, 글 실력 등이 눈에 띄게 성장하는 걸 일기장을 보면서 '세상에 이처럼 귀한 성장 자료가 있을까' 싶은 마음이 들었다. 아이들이 자라면 자신이 쓴 일기장을 저희들의 역사책으로 보존하게 해주고 싶었다. 그래서 나는 아이들의 일기장을 책으로 만들기로 했다.

일기장 책을 만드는 기간은 1년으로 초등학교에 입학한 해부터 졸업하는 해까지 6년간 쓰는 것으로 계획하고 매년 1월 1일부터 12월 31일까지의 일기를 모았다.

처음 1년만 힘들게 일기를 쓰고 나면 다음 해부턴 시키지 않아도 신나서 스스로 일기를 쓰게 된다. 세상에서 하나뿐인 자기의 역사책을 만든다는 설렘에 일기쓰기는 즐거운 작업이 되기 때문이다.

1년 동안 쓴 일기장 15권 정도를 모아 앞과 뒤표지를 떼고 대학가 근처의 제본소에 제본을 부탁했다. 각 권의 표지엔 해마다 의미 있는 이름을 만들어 책 제목으로 붙여주었다. '하얀 마음 파란 꿈', '마음방 향기', '희망이 자라는 소리', '북극성 아이', '작은 거인', '새로운 시작을 위한 정확한 마침표'는 큰딸의 일기장 여섯 권의 제목이다. '징검다리', '왕별 뜨기', '빠른 거북이', '이기는 사람', '청출어람', '즐거운 이야기로 가득한 세상'은 아들 일기장의 제목이다.

아이들은 저희들의 가장 큰 보물로 일기장을 꼽는다. 나에게도 마찬가지로 아이들의 일기장은 세상에서 가장 소중한 보물이다.

4

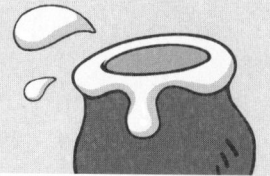

즐거운 아이,
행복한 엄마

아이가 시도 때도 없이 질문하는데
일일이 대답해주려니 힘들어요

　　유모차를 타고 나들이 나온 아이들의 얼굴을 보면 신기해서 어쩔 줄 모르는 표정이다. 아이들에게 세상은 신기한 놀이동산이다. 아기는 태어남과 동시에 무엇이든 알고 싶어 하고 배우고 싶어 한다. 그러니까 배우고 익힌다는 의미의 '학습(學習)', 즉 '공부'는 인간이면 누구나 가지는 본능이고 욕구인 것이다. 그러나 초중고를 거쳐 대학에 가기 위해 공부해온 어른들에게 '공부는 그저 지겨운 것'이라는 생각이 지배적이고, 지레 아이들도 그럴 거라 생각한다. 하지만 공부가 재미없고 따분하고 지겹게 느껴지는 건 공부 자체가 목적이 아니라 수단이 될 때다. 공부해야만 상급학교로 진학할 수 있고, 공부해야만 원하는 자격증을 딸 수 있을 때, 공부는 이미 행복한 일이 아니다. '앎' 자체가 즐겁다고 생각할 때 비로소 공부는 즐거운 놀이가 될 수 있다.

　　아이들에게 배우고 가르치는 것을 즐거운 놀이로 생각하게 할지 아니면 따분한 노동으로 받아들이게 할지는 어른들의 표정과 태도에 달려 있다.

아이들에게 책을 사서 보여주겠다는 아내에게 나중에 자라면 어차피 지겹도록 할 공부인데 벌써부터 아이들 힘들게 하느냐고 소리를 질러대는 남편의 말은 곧 아이들에게 '공부는 노동'이라는 부정적인 인식을 심어준다. 반면 부모가 아이 앞에서 세상은 재미있고 신기한 것이 많아 알면 알수록 즐겁다는 표정으로 임하면 아이도 덩달아 신나 하고 눈을 반짝이기 마련이다.

그러나 무엇보다 가장 중요한 것은 아이의 무한한 호기심을 존중해주며 궁금한 것이 생기면 바로 질문하고 찾아보게 하는 것이다. 그러기 위해서 부모가 꼭 명심해야 할 것은 질문의 종류가 어떤 것이든 아이의 질문을 진지하게 받아주어야 한다는 것이다. 아이가 질문했는데 "그것도 몰라?" 하며 무시하거나 "얘는 별 걸 다 물어" 같은 반응을 보이면, 아이들의 호기심과 앎의 욕구가 짓밟히는 것은 물론 다시 질문할 용기를 잃게 만든다. 또 아이가 한 질문의 답을 알지 못하더라도 우선 부모가 알고 있는 만큼 알려주고 이후 함께 답을 찾으려 노력하는 모습만 보여주어도 아이는 부모에게 존중받는다는 느낌을 가질 수 있다. 아이의 질문에 답해주기 위해서 척척박사 같은 지식과 능력이 필요한 것은 아니다. 아이를 도와주는 것은 엄마의 '지식'이 아니라 '교육태도'이기 때문이다.

나는 아이가 어렸을 때는 아이의 질문에 항시 밝은 얼굴로 답해주는 것을 우선으로 생각했다. 질문의 답은 내가 알고 있는 상식선에서 찾아주었다. 자신이 한 질문에 엄마가 정성껏 답해준다는 느낌을 갖게 해주기 위해서였다. 그러다 아이가 자라면서 나는 내가 알고 있는 지식을 바로 답해주지 않았다. 일단 아이가 질문하면, 아이의 질문을 칭찬해주었다. 그런 다음 그 문제를 해결할 수 있는 책을 펼쳐 아이에게 직접 그 답을 찾게 하였다.

내가 바로바로 답을 해주지 않았던 데에는 여러 이유가 있었다. 모든 것을 척척 대답해줄 능력이 충분하지 않은 이유도 있었지만 그보다 더 큰 이유는 쉽게 대답해주면 잊어버리기도 쉽기 때문이다. 스스로 찾아보는 과정을 거치면, 정답을 찾아가는 사이에 부가적인 정보도 함께 얻을 수 있고, 또 책을 통해 어렵게 알아내고 정리해둔 지식은 아이의 머릿속에 오랫동안 기억된다. 그리고 내가 일하는 엄마여서 아이 옆에 늘 있어주지 못했기에 아이 스스로 문제를 해결하는 방법을 익혀주려는 의도도 있었다.

지금은 컴퓨터 검색창을 이용해 비교적 쉽게 답을 얻어낼 수 있지만 그 당시엔 백과사전을 이용해야 했다. 그래서 사전식 백과부터 그림 백과, 과목별 백과 등을 골고루 준비해두고 찾아보는 방법을 가르쳐주고 내가 없을 때에도 스스로 찾아서 알게 하였다.

아이가 유독 질문이 많다면 스스로 좋은 엄마임을 자랑해도 좋다. 그 아이는 좋은 엄마아빠 밑에서 한결같은 관심과 격려를 받으며 잘 자란 아이기 때문이다. 아이가 아무런 호기심도 궁금증도 느끼지 않는다면, 엄마가 평소에 아이의 질문에 무성의한 답변들만 늘어놓은 것은 아닌지 반성해볼 필요가 있다.

아무리 가르쳐도 잘 몰라요. 아이가
너무 우둔한 거 같은데 어떡하죠?

아버님은 칠순이 넘으셨을 때도 우리집 가계부 관리와
우리가 사는 빌라의 관리비 계산을 도맡아 하셨는데, 10
원의 오차도 없으셨다. 내가 외우는 전화번호라곤 우리
식구들 휴대전화 번호와 집 전화번호가 전부여서 휴대전화를 잃어버리
면 인간관계가 먹통이 될 위험 속에 살고 있지만, 아버님은 팔순이 넘
으신 지금까지도 자식들 휴대전화 번호는 물론이고 시골 친척들과 친
구들 전화번호까지 족히 백 개는 넘는 번호를 기억하고 계신다. 연세가
많은데도 아버님이 기억력이 좋은 이유는 누구보다 부지런히 움직이시
고 항시 무언가를 읽고 생각하시기 때문인 것 같다.

아이가 우둔한 건 머리를 사용하지 않아서다. 머리는 밖에서 손잡이
를 잡아 마구 돌리는 기계가 아니다. 스스로 돌리려고 노력해야 돌아가
는 자의성 도구다. 그러므로 머리가 좋아지려면 아이 스스로 무언가 생
각하며 머리를 쓰도록 노력해야 한다. 그러나 그것은 강요로는 결코 이
루어질 수 없으며 아이의 마음에 '동기'의 불을 지펴주어야 가능하다.

내가 생각지도 않게 《10살 전 꿀맛교육》이란 책을 쓰게 되자 내 친구들은 누구보다 기뻐해주고 축하해주었다. 그러면서 자기 아이들은 모두 10세가 지난 중고등학생이니 빨리 '열 살 후 꿀맛교육'이라는 책을 쓰라고 협박 아닌 협박을 했다. 사실 나도 아이들을 상담하고 가르치는 일을 오랫동안 해오면서, 학습 시기를 놓친 아이들을 이끌 수 있는 좋은 방법이 없을까 항상 고민해왔다. 고민 속에서 찾은 방법이 '반복학습'이다. 반복을 통해 두뇌라는 기계를 자주 움직여 불을 붙이고 비로소 스스로 돌아가게 하는 거였다.

그러나 여러 아이들을 함께 가르치는 학원에서 멈춰버린 기계를 돌리기는 정말 어렵다. 스스로 의지가 있어 배우려 하는 아이가 아니고서는 중간 이하 성적인 아이가 한순간에 변한다는 것은 쉽지 않은 일이다. 개인지도로도 어렵다. 보통 개인지도는 많아야 일주일에 세 번, 대개는 일주일에 두 번 정도 수업한다. 일주일에 두 번이면 아이의 기억저장고에서 학습한 내용이 거의 다 사라질 때쯤 다시 공부하게 되는 셈이다. 또 기억용량이 작은 아이에게는 아무리 잘 가르친다고 해도 다 기억하지 못하고 넘치기 마련이다.

무엇보다 가장 좋은 방법은 매일 조금씩 가르치는 거다. 그러나 선생님이 매일 와서 조금씩 가르쳐주고 가기를 반복하는 건 현실적으로 쉽지 않다. 그 인건비를 학부모가 고스란히 지불해야 하며 더 큰 문제는 매일 찾아와 아이가 받아들일 수 있을 만큼 조금씩 가르쳐주고 갈 사람을 구하는 게 쉽지 않다는 거다. 나는 그 대안을 인터넷 화상수업에서 찾았다.

화상수업은 현대문명의 멋진 이기로, 이를 잘 이용하면 10세 이후, 시기를 놓친 아이들을 구제할 수 있는 해결방안이 될 수 있다고 믿는다. 화상수업은 가르치는 사람과 공부하는 사람이 각자의 방에서 컴퓨터로 접속하면 되니 오고가는 시간이 들지 않아 서로 아무리 멀리 떨어진 곳에 있어도 상관없다. 카메라와 헤드셋만 준비하면 바로 옆에 앉아 있는 것과 같은 효과를 얼마든지 얻을 수 있다.

실제 내 믿음을 실천해본 아이가 있었다. 어느 날 중학교 3학년인 학생과 엄마가 상담하러 왔다. 성적이 부진하여 도저히 학교공부를 따라갈 수가 없는데 그나마 뒤늦게 공부해야겠다는 생각이 든 아이였다. 테스트를 해보니 혼자서는 도저히 공부할 수 없는 수준이었다. 한참을 고민하다가 아이의 동의를 얻어 결정한 방법이 화상수업이었다. 나는 상담을 받은 다음 날부터 매일 새벽 여섯시에 아이와 컴퓨터로 만나 30분씩 수학을 가르쳤다. 꼭 한 달을 그렇게 공부했다.

가르친 분량이 적으니 소화시킬 양이 적어 아이는 그날 배운 내용을 어렵지 않게 받아들였다. 또 하루도 거르지 않고 공부했기에 전날 배운 내용을 잊어버릴 염려도 없어 다음 진도를 나가기가 쉬웠다.

한 달 후 아이는 중간고사 시험을 치렀다. 시험을 보고 나서 아이의 엄마가 상기된 목소리로 전화해 아이가 수학 시험지를 받고 아무거나 답으로 쓰지 않고 처음으로 직접 문제를 풀었다며 감사하다고 했다. 그 시험에서 아이는 50점이 조금 넘는 점수를 받았지만 중요한 건 아이가 스스로 문제를 풀어내려고 노력했다는 점이었다. 아이의 얼굴에 '하면 된다'는 의지가 보였다.

그러나 그 수업을 계속할 수는 없었다. 저녁 늦게 일이 끝나는 내가 그 수업을 위해 이른 아침 시간부터 움직였더니 몸에 무리가 왔을 뿐만 아니라 가족에게도 불편을 주는 것 같아서였다. 그 후로도 학습부진아를 위한 화상수업을 만들어보려는 시도를 계속했지만 안타깝게도 가르칠 사람을 구하기가 어려워 지금까지 상상 속의 대안으로 남아 있다.

화상수업은 어디까지나 직접 만남이 힘들어 생각해낸 대안일 뿐, 가장 좋은 것은 누군가와 책을 앞에 두고 매일 조금씩 공부하는 것이다. 이는 매일 아이와 함께하는 엄마가 교사라면 충분히 가능한 일이다. 하루도 거르지 말고 매일 30분 정도 엄마와 수학공부를 하면 아무리 우둔한 아이라 해도 점점 머리가 가동될 것이고 자아의지가 싹트게 될 것이다. 물론 아이가 중고등학생이라면 엄마가 가르친다는 것이 쉽지는 않겠지만, 어린아이들이라면 어렵지 않게 할 수 있다. 쉬운 교재를 선택해 매일 조금씩 공부해보자. 아이는 금세 공부에 자신감을 갖고 이를 토대로 스스로 학습해보려는 의지를 쌓게 될 것이다.

아이가 풀고 있는 것을 보면 답답해요.
요령을 가르쳐주는 것이 더 나은가요?

한 초등학생에게 □÷5=10, □÷6=8, 10÷□=2의 빈
칸을 채워보라고 했다. 아이는 앞의 두 문제는 바로 답
을 적었지만 마지막 문제에서 고개를 갸웃거리면서 말
했다. "앞에 네모가 있으면 뒤의 두 수를 곱하면 되는데, 가운데 네모
가 있으면 어떻게 한다고 그랬더라?" 아이는 네모의 위치에 따라 푸는
방법을 암기한 것이다.

실제로 많은 아이들이 원리는 모르면서 단순히 문제를 반복해 푸는
것으로 그 풀이를 공식처럼 암기하는 경우가 많다. 그러나 그보다도 더
큰 문제는 가르치는 사람이 빨리 푸는 요령과 방법을 가르쳐주는 것이
다. 아이들에게 공부를 가르칠 때 가장 위험한 것은 거쳐야 할 과정을
건너뛰고 성급히 그 이후 단계를 가르쳐주는 것이다.

사람의 신체 발달 과정에서도, 아기 때 인위적인 도움 없이 아기 스
스로 뒤집고 앉고 기고 걷는 과정을 순차적으로 밟으며 성장하는 것이
뇌 발달에 가장 좋다고 한다. 그러나 아이가 기기 시작하면 혹시 다치

기라도 할까 염려되어 일찍부터 아이를 보행기에 앉히는 경우가 많다. 그래서 충분히 기지 못하고 보행기에 앉아 있다가 바로 걷게 되는 아이도 있는데, 그런 경우는 시기에 맞는 적절한 뇌 발달 과정을 방해받아 말을 배울 때 발음이 좋지 않게 되기도 한다. 신체적이든 정신적이든 사람이 자라는 데는 건너뛰어서는 안 되는 순서와 과정이 있다. 교육도 마찬가지다. 반드시 거쳐야 할 필수과정을 요령으로 건너뛸 경우 그 공백은 훗날 더 큰 자리가 되어 돌아온다.

나는 내가 기본교재로 선택한 문제집을 풀어가면서 단 한 문제도 건너뛰지 않았고 교과과정에 최대한 충실했다. 쉽게 푸는 법과 빠르게 푸는 법을 먼저 알려주어서는 안 된다. 처음 나가는 단원이나 기초를 학습하는 과정에서 나는 아이들에게 한 번도 요령을 가르쳐주지 않았다. 그 대신 비슷한 유형의 문제를 충분히 풀고 또 실제 사물과 함께 반복해 보여주었다.

'□÷5=6'이라는 문제를 풀려면 5와 6을 곱하면 된다는 말을 하지 않고, 바둑돌을 6개씩 다섯 무더기 만들어놓고 세어보게 하였다. 동그라미도 그리고 바둑돌도 세어보며 아이는 '젯수와 몫을 곱하면 피젯수를 구할 수 있다'는 원리를 스스로 터득하였고, 원리를 터득한 후로는 일일이 세어보지 않고도 문제를 풀어냈다.

수학공부를 잘하기 위해선 지름길을 찾아 내달리려고 애쓰면 안 된다. 요리할 때 재료를 양념에 재우고 가열한 뒤 익히고 뜸을 들이는 과정을 거쳐야 맛있는 음식이 되는 것처럼 학문을 익히는 데에도 분명히 지켜야 하는 과정이 있다. 풀이 과정을 순서대로 충분히 배우고 익혀가면서 아이 스스로 '아하! 이렇게 하면 되겠구나' 하고 느꼈을 때야말로 진정으로 '알았다'고 말할 수 있다. 느리지만 단단히 다져가는 방법이야말로 결국 가장 튼튼하고 빨리 달릴 수 있는 길이 된다는 것을 명심해야 한다.

공부 잘하는 남의 집 아이만 보면 속이 부글부글 끓어요

큰딸이 중학생이었을 때다. 중간고사 결과가 나온 날 딸이 학교에서 돌아와 나에게 말했다.

"엄마, 우리 반 ○○이는요 참 어리석어요. 왜냐하면 갠 항상 목표가 나를 이기는 거예요. 이번에도 갠 2등을 했어요. 그래서 다른 친구들이 부러워하는 좋은 성적이 나왔는데도 우울한 얼굴빛이었거든요. 내가 걔한테 지지 않는 한 그 아인 항상 우울할지도 모르는데… 그건 너무 어리석지 않아요?

난 목표가 항상 나예요. 목표점수는 당연히 올백이고요. 적어도 내가 지난번 받은 성적보다는 평균점수가 올라야 한다고 생각하지 누구보다 잘하는 게 목표가 아니에요. 그래서 나는 다른 사람 점수엔 관심이 없어요. 나보다 더 잘하는 사람이 있다면 기꺼이 박수를 쳐주고 축하해주지 그 사람과 나를 비교하고 우울해하지는 않아요."

아이가 한 말이지만 삶의 이치를 깨우친 사람의 말 같아서 지금도 생생히 기억하고 있다.

나도 딸과 같은 생각이다. 나를 다른 사람과 비교해 내가 덜 가지고 있다고 불행하게 생각한 적은 별로 없다. 현재 내 모습이 발전적이면 그 모습 그대로 행복했다. 단칸방으로 분가했지만 열심히 돈을 모아 방 세 칸짜리로 옮겼을 때도, 그 후 방 네 칸짜리로 옮겼다가 드디어 내 집을 마련했을 때도 나는 똑같이 많이 기뻤했고 행복해했다. 다른 사람들이 나보다 일찍 집을 사고 고급승용차를 타고 다녀도 시기하거나 상대적 박탈감에 우울해한 적은 없었다.

내 아이를 바라볼 때도 그렇다. 아이의 모습 그대로 감사하는 마음으로 받아들이려고 노력하였다. 다만 '어제보다는 오늘이 낫고, 오늘보다는 내일이 나은 발전적인 아이면 좋겠다'고 바랐을 뿐이다.

사람은 누구나 각자 특기와 재주를 가지고 있다. 공부를 못하면 또 다른 어떤 것을 잘할 줄 안다. 모두에게 같은 잣대를 들이밀고 비교해서 상대적 우월감과 열등감에 웃고 우는 것은 어리석다.

사회는 여러 모습의 사람들이 모여 만들어가는 다양한 집합체다. 모두 똑같은 일을 하지 않을뿐더러 할 수도 없다. 우리 아이들은 그중 어느 한곳에서 한 부분을 맡아 그 역할을 열심히 잘 해내는 사람으로 자라면 되는 것이다. 단, 엄마가 잊지 말아야 할 것은 아이가 멈추지 말고 후퇴하지 않고 꾸준히 앞으로 나아갈 수 있도록 이끌어주는 것이다.

아이랑 공부 좀 하고 싶은데
친구들이 너무 자주 놀러 와요

큰아이와 작은아이가 초등학교에 다닐 때는 학교 친구들이 방과 후에 집에 놀러오는 일이 거의 없었다. 같은 반 친구들은 대부분 학교가 끝나면 스쿨버스로 향했고 우리 아이들은 걸어서 집으로 오곤 했다. 많은 아이들이 집이 학교와 멀리 떨어져 있어 스쿨버스를 타고 다녔기 때문이기도 했지만, 친구 집에 들러 놀 시간 여유가 없는 경우가 대부분이었다. 저마다 학원 일정이 빡빡했었으니까. 그래서 그런지 연년생인 두 아이는 서로 가장 친한 친구였다. 같이 놀고 같이 공부하고, 빌라 뒤에 있는 정원을 '비밀의 화원'이라 부르며 즐겁게 뛰어놀았다. 일주일에 두 번 하는 피아노 레슨 외엔 달리 하는 게 없으니 여유 시간이 많은 편이었다. 그래도 두 아이는 저희끼리 신나게 놀면서도 내가 내준 과제는 잊지 않고 꼭 했다.

그런데 귀공이를 키우면서는 예상치 않은 상황이 벌어졌다. 우리 집이 귀공이처럼 방과 후에 학원에 다니지 않는 아이들의 놀이터가 된 것이다. 우리 집이 학교에서 제일 가깝고 집에는 항상 예뻐해주시는 아줌마가 계시니 안심이며 또 무엇보다 언니오빠가 보던 책에서부터 이것 저것 볼거리랑 놀거리가 많아 보여 그런 것 같았다.

10세 전 학습습관의 중요성을 잘 알고 있는 나는 종일 어지르며 친구들과 놀기만 하는 막내를 보며 무슨 대책을 마련해야겠다 싶었지만, 한편으론 '저 때 아니면 언제 놀까' 하는 생각도 들고 또 친구들과 어울려 노는 아이의 모습이 예뻐 보여 그냥 두었다. 그리고 엄마가 중요하다고 강조하는 일기쓰기와 책 읽기는 친구들이 돌아간 후에도 반드시 하는 것 같아서 조금은 여유를 주자는 생각이었다. 하지만 그러면서도 머릿속으로는 걱정이 없지 않았다.

어느 날이었다. 점심때쯤 집으로 오니 그날도 아이들이 한 방 가득 있다가 우루루 나와서 인사를 했다. 아무래도 안 되겠다 싶은 생각이 들었다. 친구들과의 놀이도 중요하지만 해야 할 것들도 있으니 아이의 시간을 확보해줄 필요가 있었다. 하지만 병아리같이 귀여운 아이들에게 이젠 오지 말라는 말은 내 입으로 못하겠기에 한 가지 꾀를 내었다. "얘들아, 오늘은 수학경시대회를 한 번 열어보자. 자, 모두 연필 준비~" 아이들은 이게 무슨 날벼락인가 하는 얼굴로 서로 쳐다보더니 여기저기서 연필을 들고 와 자기 자리를 찾았다. 거실 책상에 한 명, 거실 탁자에 한 명, 귀공이 책상에 한 명, 귀공이방 탁자에 한 명. 귀공이 주려고 컴퓨터에 저장해놓았던 경시대회 문제 한 세트를 골라 네 부를 출력해 나눠주었다. 30문제가 들어 있는 시험지였는데 모두 진지하게 풀기 시작했다.

사실 내 작전은 아이들이 싫어하는 시험을 치게 해서 '귀공이네 집에 가면 시험을 쳐야 하니 가지 말아야지' 하는 마음이 들게 하는 거였다. 친구들과 노는 바람에 책 읽는 시간이 점점 줄어드는 것 같은 귀공이는 구해야겠고, 내 입으로 오지 말라는 말은 차마 못하니 자발적으로 발길이 뜸해지게 하는 궁여지책인 셈이었다. 어른으로서 다소 교묘하고 비겁한 방법이긴 하지만 내 좁은 소견으론 꽤 지적인 작전이다 싶었다.

그런데 아이들이 머리를 갸웃대며 문제를 풀고 있는 모습이 사랑스러워 그만 나도 모르게 너무 후한 상을 내건 게 실수였다. "모두 30문젠데 15개만 맞으면 아이스크림입니다~" 50점에 아이스크림이라니, 참 달콤한 조건이다 싶은지 모두 신나게 문제를 풀었다. 채점결과를 개별적으로 공개하지는 않았다. 혹시라도 아직 어린아이들인데 결과에 상처받을지 몰라서였다. 아이들 몰래 채점해보니 누가 특별히 잘하는 것도 아니고 모두 고만고만했다. 나는 모두 틀린 어려운 문제를 중심으로 그날 풀어본 30문제를 모두 다 다시 풀며 가르쳐주었다. 그리고 아이스크림도 사주었다. 그러자 아이들이 물었다. "근데 시험 또 언제 쳐요?" 내 작전은 완전히 실패하고 말았다. 아이스크림을 맛있게 먹는 아이들을 바라보면서 민들레 이야기가 생각났다.

정원을 아름답게 가꾸는 게 취미인 한 남자의 정원에 뽑아도 뽑아도 또 날아드는 민들레. 그가 민들레를 잡풀로 여기고 아무리 없애려고 노력해도 없어지지 않자 현자를 찾아갔다. 남자의 사연을 듣고 현자는 이렇게 조언했다. "민들레를 뽑으려고만 하지 말고 당신의 정원 한편에 민들레의 공간을 만들어주고 예쁘게 키울 생각을 해보시오." 현자의 조언대로 민들레를 받아들인 남자는 정원 한편에 민들레가 자랄 곳을 마련해주었고, 정원은 노란 민들레로 더욱더 화사하고 예쁘게 되었다는 이야기다.

그 후 낮에 아이들을 만나게 되면 영어를 한 마디씩 가르쳐주기도 하고 또 놀더라도 책은 의무적으로 몇 권씩 읽고 놀라고 말했더니 잘 따라 했다. 저희끼리 돌아가며 타자연습도 하고 점수 비교도 하며 신나 하더니 나중엔 타자 인증 우수상장까지 타왔다.

아이들은 빈 도화지 같아 어른이 이끌어주는 대로 따라오는 유연함이 있다. 함께 노는 방법을 조금씩 알려주며 가르치면 될 것을 나는 공부할 시간을 조금이라도 더 마련해주는 게 중요하다고 생각한 어리석은 엄마였다. 내가 민들레를 예쁘게 보듬어 안으면 내 아이도 다른 이의 정원에 예쁜 민들레가 된다는 걸 왜 생각 못했는지, 당장 눈에 보이는 모습만으로 교육의 결과를 저울질하지 않기로 다시 한 번 다짐했다.

아이들과 공작을
하다보면 집이 어질러져요

아이들을 쫓아다니다 보면 지쳐서 아무것도 할 수 없다고 하소연하는 엄마들을 자주 만난다. 특히 성격이 깔끔해서 집 안이 어질러지는 걸 보지 못하는 엄마들이 주로 그 문제로 힘들어 한다. 아이들을 키울 때는 적당히 어질러져도 잘 견디는 엄마가 낫다. 어떤 간섭이나 제지도 받지 않고 나름대로 몰두하여 하고 싶은 대로 하면서 아이들에게는 창의력도 집중력도 생기기 때문이다.

나는 연년생인 아이들을 키우면서 처음에는 아이들이 놀고 난 자리를 쫓아다니며 치우는 것이 너무 힘들었다. 그래서 생각해낸 작전이 '그냥 아이들과 같이 놀자'였다. 피할 수 없다면 즐기라고 어차피 아이들을 키워야 하니 스트레스받지 말고 같이 즐기자고 생각을 바꾼 것이다. 급기야 나는 아이들과 함께 이것저것 펴들고 어울려 놀기 시작했다.

책을 읽다가 갑자기 "이제 노래 부를까?"하고 제안하면 아이들은 좋다고 손뼉을 쳤다. 내가 다락에 올라가 기타를 치며, "자, 지금부터 엄마가 노래를 부를 테니 박수~" 하고 주문하면 두 아이는 손뼉을 치며 집중했다. 노래를 몇 곡 부르고 나면 시간이 훌쩍 지나갔다. 남편이 퇴근할 시간이 다가오면 "이제 곧 아빠가 오실 시간이니 단체로 청소합시다~" 외치고 아이들과 어질러진 곳을 후다닥 치웠다. 점심식사하기 전한 번, 아빠 퇴근하기 전 한 번, 이렇게 시간을 두 번 정해 치우고 나머지 시간은 집 안을 온통 잡동사니로 어지르며 놀았더니 나도 편했다.

아이들은 쉴 새 없이 뭔가를 그리고 만들며 논다. 스케치북뿐만 아니라 하얀 종이만 보이면 아무거나 그려댔는데, 그 그림들을 함부로 버릴 수가 없어 벽에 주렁주렁 붙여놓곤 했다. 간혹 버릴 때도 있었지만, 그때는 아이들의 눈을 피해 살짝 버렸다. 왠지 아이들이 자신의 소중한 보물을 엄마가 어떻게 다루나 감시하는 것만 같아서였다.

내가 보고 있지 않다고 생각하셨을 때
– 작자 미상

내가 보고 있지 않다고 생각하셨을 때
난 당신이 내가 그린 최초의 그림을 냉장고에 붙여 놓는 걸 보았어요.
그래서 난 또 다른 그림을 그리고 싶었어요.

내가 보고 있지 않다고 생각하셨을 때
난 당신이 주인 없는 개를 보살펴주는 걸 보았어요.
그래서 난 동물들을 잘 대해주는 것이 좋은 일이란 걸 알았어요.

내가 보고 있지 않다고 생각하셨을 때

난 당신이 기도하는 소리를 들었어요.

그래서 난 신이 존재하며, 언제나 신과 대화할 수 있다는 걸 알았어요.

내가 보고 있지 않다고 생각하셨을 때

난 당신이 잠들어 있는 내게 입 맞추는 걸 보았어요.

난 내가 사랑받고 있다는 걸 알았어요.

내가 보고 있지 않다고 생각하셨을 때

난 당신의 눈에서 눈물이 흐르는 걸 보았어요.

그래서 난 때로는 인생이라는 것이 힘들며, 우는 것이 나쁜 일이 아
님을 알았어요.

내가 보고 있지 않다고 생각하셨을 때

난 당신이 날 염려하고 있는 걸 보았어요.

그래서 난 내가 원하는 모든 걸 꼭 이루고 싶어졌어요.

내가 보고 있지 않다고 당신이 생각하셨을 때

난 보고 있었어요.

그래서 내가 보고 있지 않다고 생각하셨을 때 내가 본 모든 것들에 대해
감사드리고 싶어요.

아이들과 색종이로 작품을 만들고 나서도 나는 손때 묻은 것들을 그냥 버릴 수 없었다. 스케치북을 사서 색종이로 만든 작품을 붙이고 나머지를 그림으로 그렸더니 그림공부도 되고, 전체를 구성하는 구성력도 생겼다. 그리고 무엇보다 하나 둘 작품이 만들어지면서 성취감을 느낄 수 있어 좋았다.

아이들은 금방 자란다. 유치원에 갈 정도만 되어도 놀고 난 자리는 스스로 정돈할 수 있다. 그리고 정리정돈도 학습이니 가르쳐야 한다. 다만 너무 지나치게 가지런함과 정돈됨을 강요하게 되면 아이들의 상상력과 창의력이 날개를 달 수 없다. 동화책을 방 가득히 마음껏 흩어놓고 집도 짓고 쌓기 놀이도 하다가 손님이 오시면 다 같이 후다닥 치워보자. 어린아이가 살고 있는 집인지 구별이 안 갈 정도로 깔끔한 집보다는 벽마다 주렁주렁 뭔가가 붙어 있고 냉장고나 거울 앞에 아이들 작품이 빼곡한 집이 감성이 풍부한 아이를 키울 수 있는 환경을 갖춘 곳이다. 같이 어지르며 놀아보자. 엄마도 타임머신타고 어린 시절로 돌아가 아이의 친구가 되어 함께 행복한 시간을 즐기라고 권하고 싶다.

아직은 학교 진도를 따라가는데
별 문제 없으니 안심해도 될까요?

초등학교 1학년 때 수학을 어려워하는 아이가 없고, 중학교 1학년 때 영어를 어려워하는 아이도 없다. 아이가 학습능력이 부족하다며 상담을 원하는 학부모들의 이야기를 들어보면 초등학교 저학년 때는 수학을 별로 어려워하지 않았다고 한다. 하지만 부모가 조금만 관심을 갖고 있다면 초등학교 저학년까지 교과서 수준의 수학공부를 어려워하는 경우는 그리 많지 않다는 것을 알 수 있다.

아이가 학교에서 배우는 진도를 어려워하지 않는다고 거기에만 만족하고 있으면 안 된다. 공부가 계단식으로 연계되어 있는 것은 사실이지만 어떤 단계에서는 어려워지는 속도가 너무 빨라져 기초학습이 부실한 경우엔 따라가지 못할 수 있기 때문이다.

큰딸이 초등학교에 입학했을 때 유난히 열성적인 학부모가 있었다. 아이도 엄마의 정성의 물을 먹어선지 무엇이든 두드러졌다. 반면 직장생활을 한 나는 아이를 학교에 맡겨두고 준비물만 챙겨주는 보통의 바쁜 엄마였고 딸은 두드러지지 않는 초등학교 1학년짜리 보통 아이였다. 하지만 집에서 딸은 초등학교 3학년 수학을 풀고 있었고 아이가 학교에서 배우는 건 10 이하 수의 덧셈과 뺄셈이었다. 매일 동화책을 읽고 수학공부를 하는 아이와 학교에서 배우는 것 정도를 알고 있는 아이는 처음에는 잘하고 못하고의 차이가 별로 보이지 않는다. 그래서 초등 저학년의 학교 성적은 엄마 실력이라는 말이 있다. 엄마가 열심이면 아이가 못하는 경우가 별로 없다. 그러다 서서히 물이 걷히는 건 초등학교 4학년쯤 되어서다.

처음 입학했을 때는 남의 눈에 크게 드러나지 않았던 딸은 학년이 올라갈수록 두각을 나타냈다. 무엇이든 야무지게 잘한다고 어디서 뭘 배우는지 궁금해했고, 딸이 피아노 레슨을 받는 것 말고는 학원에 전혀 다니지 않고 혼자 공부한다는 걸 알고는 모두 놀라워했다. 스스로 공부하는 습관보다 엄마의 열심 덕에 잘하는 듯 보였던 아이들은 점점 중간 정도로 뒤처졌다.

빙산은 물 위로 드러나는 부분이 전부가 아니다. 물 아래 보이지 않는 부분의 크기는 저마다 다르며 물이 서서히 줄어들면서 빙산의 전체 모습이 드러난다. 아이들을 키우면서 항상 나는 빙산을 생각했다. 물 아래 보이지 않는 부분이 거대해서 굳건하게 흔들리지 않는 기초실력을 다진 아이가 되게 하고 싶었다.

보이지 않는 물 밑에서 체계적인 학습습관과 독서습관을 기르며 빙산의 아랫부분을 크게 키운 아이들은 시간의 물이 걷히자 비로소 큰 모습으로 수면 위로 올랐다.

멀리 뛰기 위해 기초체력이 필요하듯 장거리 경주인 학습을 위해서는 근시안적 시각을 버려야 한다. 당장의 결과에 만족하지 말고 나름의 계획을 세우고 추진해가는 것이 필요하다. 언제나 꾸준히 학습하는 것이 가장 중요하다.

머리는 유전되나요?

나는 전형적인 노력형이다. 뭐든지 받아들이는 데 느리다는 핸디캡을 알고 있으니 겨우 머릿속에 들어온 걸 놓치지 않으려고 남들보다 더 많이 노력하게 된다. 어렵게나마 들어온 정보를 장기 기억저장고로 옮겨두기 위해 필요한 작업이 바로 반복이다. 반복 덕에 그리 우둔하다는 소리는 안 듣고 살아가는 듯하다. 남편은 머리가 나보다는 나은 것 같다. 그러나 뛰어난 것 같지는 않다. 결국 엄마아빠의 보통 머리에서 멘사회원이 될 정도로 지능이 높은 아이가 나오는 걸 보면, 지능은 절대 유전이 아닌 것은 확실하다. 지능은 후천적인 노력에 따라 얼마든지 개발될 수 있다고 본다.

앞서 말한 것처럼 머리와 노력 중 중요한 것은 물론 노력이다. 그러나 똑같이 노력했더라도 더 나은 결과가 나올 수 있게 해주는 좋은 머리를 갖고 있음은 축복이 아닐 수 없다. 아이들을 가르치면서 가장 안타까운 것이 뒤늦게 철이 들어 열심히 공부해보려는데 성적이 오르지 않는 경우다. 이때 지켜보는 엄마나 가르치는 선생님보다 더 답답한 사람은 아이 자신이다.

사과를 아침에 먹으면 보약이지만 밤에 먹으면 독이 된다고 한다. 같은 사과라도 때에 따라 효능이 달라지듯이 아이의 교육에도 그 시기에 꼭 개발되어야 효과적인 것이 있다. 사람의 머리는 10세 이전에 80% 정도가 개발된다고 한다. 그 후에도 노력하면 얼마든지 개발될 수는 있지만, 같은 노력에 비해 나타나는 효과가 절대적으로 감소한다는 것이다. 여러 아이들을 가르치면서 노력은 열심히 하지만 성적이 빨리 오르지 않고, 외우기만 하면 금방 잊어버리는 아이들을 봤기에 나는 내 아이들을 머리가 좋은 아이들로 키우고 싶었다. 그리고 그 방법에 관한 책을 읽으며 실천했다.

지능개발 방법은 생각보다 간단했다. 한마디로 아이에게 끝없이 자극을 주는 것이었다. 비유하면, 황무지를 개간하기 위해 호미질을 하는 것과 같은 것이다. 좋은 머리는 개간을 잘해 비옥한 옥토가 되어 모든 씨앗이 잘 자라 꽃피우게 한다. 반면, 개간이 안 된 황무지는 아무리 지식의 씨앗을 집어넣어도 자라지 않고 말라 시들어버린다. 많이 보여주고 들려주고 만지게 하며 냄새 맡게 하고 맛보게 하는 것. 즉 오감을 총동원해 뇌를 쓸 수 있도록 해주는 것이 지능개발의 핵심이다.

나는 아이가 어렸을 때부터 노래를 많이 불러주었다. 기저귀를 갈아줄 때에도 다정하게 말을 걸어주고 손, 발, 엉덩이를 주물러주었다. 또 아이가 고개를 가눌 줄 알게 되었을 때부터는 고개를 돌리는 쪽으로 그림책을 요리조리 갖다대며 그림과 관련된 이야기를 들려주었다. 조금 커서는 제2의 뇌라고 할 정도로 뇌 발달과 밀접한 관련이 있는 손가락을 가능한 한 많이 쓸 수 있도록 종이를 찢고 오리고 공작을 하고 블록 놀이를 하며 놀았다.

머리가 좋은 아이로 키우기 위해 엄마가 명심해야 할 것은 아이들에게 항상 생각할 거리를 주는 것이다. 내가 아이들에게 시를 들려주고 제목을 맞혀보게 하거나 함께 돌아가며 동화를 만들어보게 한 것도 모두 순발력과 창의력을 길러주기 위함이었다.

인간은 자기 뇌의 5%도 쓰지 않고 죽는다고 한다. 무한히 개발할 수 있는 커다란 밭인 아이들의 머리를 사랑과 정성으로 알뜰하게 호미질하여 어떤 씨앗이라도 잘 자랄 수 있는 옥토로 만들어주는 것은 엄마들이 해야 할 일이다.

인성 교육은 어떻게 시키나요?

아이들이 다치거나 몸이 아프면 엄마들은 이렇게 말한다. "공부보다 중요한 건 건강이야. 어서 나으렴. 공부 생각하지 말고." 그러나 아이가 다 나으면 언제 그런 말을 했냐는 듯 공부하라고 몰아붙인다. 하지만 엄마들 머릿속에 '건강은 기본으로 갖추어져 있는 것'이라는 전제가 깔려 있기에 '공부, 공부' 하는 것이지 사실 공부보다 더 중요한 건 건강임을 모두 알고 있다. 선천적으로 몸이 불편한 아이의 엄마나 다쳐서 병원에 입원한 아이의 엄마를 보면 내 아이가 건강하다는 것만으로도 감사해서 공부 못한다고 다그칠 생각이 전혀 없어진다.

인성교육도 마찬가지다. 평소에 인성교육에 크게 신경 쓰지 않지만 우리 집 아이가 문제아가 될 거라고 생각하지는 않는다. 그러나 상당수의 엄마들이 어느 날 걷잡을 수 없이 변한 아이들을 보고 마음의 고통을 받는 것이 현실이다. 그 엄마들에게 공부는 중요한 게 아니다. 그러고 보면 가장 중요한 건 건강 그리고 바른 품성, 그다음이 공부가 아닐

까 하는 생각이 든다.

　인성이 좋은 아이로 키우려면 무엇보다 부모가 바르게 살아가는 모습을 보여주는 것이 가장 중요하다. 게가 옆으로 걸으면서 자식보고 똑바로 걸으라고 말하는 것이 바른 교육이 아니듯이 부모가 반듯한 삶을 사는 모습을 보여주는 것이야말로 아이들에게 가장 중요한 인성교육이 된다.

　아이가 초등학교에 다닐 때였다. 일요일에 아이와 시장에 갔다가 집으로 가는 마을버스를 탔다. 버스를 타고 자리에 앉으려는데 지갑이 눈에 띄었다. 누가 놓고 내린 게 틀림없었다. 순간 버스 기사님을 드릴까 잠시 망설였지만 내가 직접 주인을 찾아주는 것이 좋겠다 싶어 들고 내렸다. 지갑을 집으로 가져와 열어보았더니 신분증과 신용카드, 버스카드, 현금 7만 원이 들어 있었다. 집에다 짐을 내려놓고 나는 아이 손을 잡고 신분증에 있는 주소를 찾아 나섰다. 지금처럼 내비게이션이라도 있고 자동차를 운전할 줄 알았더라면 조금이나마 편했을 텐데, 더운 여름에 아이 손을 잡고 부동산에 물어가며 찾으려니 이만저만 고생이 아니었다. 고생 끝에 결국 지갑 주인을 찾을 수 있었다. 지갑을 잃은 사람은 안절부절못하고 있다가 내가 지갑을 들고 나타나자 고마워 어쩔 줄 몰라 했다.

　그날 혼자 찾아갈 수도 있었는데 굳이 아이를 데리고 간 것은 아이에게 산교육을 해주고 싶어서였다. 지갑을 잃고 애태우고 있을 어떤 사람을 생각하는 배려의 마음을 아이에게 보여주고 싶어서였다. 그날 아이는 일기장에 선행을 한 엄마와 자신의 뿌듯한 마음을 적어놓았다. 정직과 용서, 배려 등 아이에게 가르치고 싶은 것이 있다면 부모가 직접 실천해 보여주는 것이 가장 좋은 교육이다.

　어린 시절에 읽는 좋은 책 또한 바른 성품을 기를 수 있는 훌륭한 도구가 된다. 흥미나 오락 위주의 책보다는 선과 악의 개념이 들어 있는 고전이나 고난과 역경을 딛고 일어난 위인들의 이야기를 읽게 해주는 것이 좋다. 아이들은 모방을 좋아해 주인공의 바른 품성과 의지가 그대로 아이의 성품으로 이어질 수 있기 때문이다.

　어린 나무일 때 버팀목을 대주지 않아 마음대로 휘어지며 자라도록 방치하면 그대로 굳어져 비틀어진 나무로 자란다. 잘못된 인성으로 굳어진 후 뒤늦게 바로잡으려 하다보면 시간이 오래 걸릴 뿐만 아니라 잘못하면 나무는 부러진다. 부모가 열심히 사니 별 문제 없이 잘 자라겠지 하며 안심하고 있다가 어느 날 아이가 잘못 되어 있다 싶어 잡으려 하면 아이는 집을 뛰쳐나가 버리는 것이다. 실제로 중고등학생 자녀를 둔 부모 중에는 공부는 안 해도 상관없으니 아이가 아무 일 없이 집에만 들어오면 좋겠다는 사람도 많이 있다.

　자녀의 인성교육은 공부보다 더 신경 쓰고 노력해야 하는 중요한 교육이다. 지능을 개발하는 학습 습관만 10세 이전에 잡아주려 노력할 것이 아니라, 바른 인성을 갖추기 위한 교육을 어린 시절부터 차곡차곡 계획하고 실천하자. 건강과 인성이 갖추어진 후에 공부까지 잘하는 모범생이라면 그 이상 훌륭한 아이는 없다.

형제끼리 다정히 지내게
하고 싶은데 너무 힘들어요

 자녀들이 다정하게 지내는 것은 부모의 큰 바람 중 하나다. 하지만 자기주장이 생기면서부터 아이들은 서로 다투게 되는데, 이것은 자연스러운 현상이다. 그렇기 때문에 작은 다툼까지 일일이 부모가 간섭하는 건 옳지 않다. 싸움의 정도가 너무 심하거나 상대에게 상처를 주는 경우에는 반드시 부모가 개입해야겠지만 때로는 저희끼리 이해하고 해결할 수 있도록 모른 척해주는 게 낫다. 건전한 충돌은 상대방의 처지를 헤아려 다양한 방향으로 생각할 수 있는 능력을 길러주기 때문이다.

우리 집 아이들은 연년생인데다 자기주장이 강한 편이라 저희끼리 자주 충돌하곤 했다. 아이들이 초등학교도 들어가기 전 어느 날이었다. 부엌에서 밥을 하는데 조금 전까지만 해도 거실에서 재미있게 놀던 아이들이 갑자기 큰 소리를 냈다. 모른 척 들어보니 이유는 아주 간단한 것이었다. 아들이 감기에 걸려 의사선생님에게 아이스크림을 절대 먹지말라는 말을 들었는데, 누나가 냉동실에서 아이스크림을 꺼내먹자 동

생이 누나에게 억지를 부리며 따진 것이다. "누나도 아이스크림 먹지마! 누나가 먹으면 나도 먹고 싶어지니까!" 그러자 누나는 말도 안 되는 동생의 억지에 참지 못해 대꾸하였고, 둘이서 높은 소리가 한참 오갔다.

나는 아이들이 싸우는 소리를 들으며 깜짝 놀랐다. 둘 다 지지 않고 한 마디씩 주고받는데 그 속에 아이들 나름대로 타당하고 논리정연한 이유가 있었던 것이다.

조금 후 딸은 아이스크림을 냉동실에 다시 넣으며 말했다. 동생의 논리정연한 반박에 수긍하였는지 아니면 누나로서 아픈 동생을 위하는 이해심이 부족했다고 반성했는지, 결론처럼 동생에게 물었다. "그럼 좋아. 다음에 나는 아프고 너는 안 아플 때, 너도 아이스크림 안 먹을 수 있지?" 물론 동생은 고개를 끄덕였고 둘은 다시 재미있게 하던 놀이를 계속했다. 나는 딸을 살짝 불러 다른 사람을 배려하는 마음이 중요하다는 것을 알려주었고, 딸도 미처 동생 생각을 못하고 자기 생각만 했다고 반성했다.

엄마는 아이들 각자의 이야기를 잘 듣고 서로의 마음을 이어주는 노력도 해야 한다. 수학여행 다녀온 딸에게 '동생이 누나를 몹시 보고 싶어 했다'는 말을 들려주자 딸은 환하게 웃었다. 냉장고에 남아 있던 양념치킨을 아들에게 가져다주며, '누나에게 먹으라 했더니 동생이 좋아하니까 자기는 괜찮다고 동생 주라고 말했다' 하니 동생은 누나에게 고마워했다. 서로에게 고마워할 수 있는 말을 조금은 과장해서 들려주며, 서로 관심받고 사랑받고 있음을 알도록 해주는 것도 엄마의 지혜이고 센스다.

　가끔 다투기도 했지만 나이 차이가 별로 안 난 아이들은 엄마도 알지 못하는 자기들만의 이야기를 만들며 사이 좋은 오누이로 자랐다. 엄마랑 같이 게임할 땐 경쟁자도 되고, 엄마의 기타 반주에 맞춰 2부 합창으로 동요를 부를 땐 합창단원도 되고, 비밀의 화원이라 이름 붙인 뒷마당에서 뛰어놀 땐 놀이동무가 되어 친구처럼 그렇게 지냈다. 아이들은 바쁜 엄마가 집을 비운 사이 어쩌면 저희끼리 추억을 만들며 더 가까워졌는지도 모른다. 부모가 곁에 있어주는 시간보다 더 오랜 시간 함께할 그들이므로 평소에 서로 의지하고 믿으며 위해줄 수 있도록 가르치는 것이 부모에게 주어진 또 하나의 숙제다.

친구를 사랑할 줄 아는
아이로 키우고 싶어요

내 아이가 공부를 잘하는 것만이 아니라 따뜻하고 사랑
이 많은 아이로 자라기를 바라는 건 모든 부모의 바람이
다. 나도 그랬다. 아이가 쓴 일기를 보면서 어떤 말을 적
어주어야 아이의 마음밭에서 긍정과 희망의 싹이 자랄까 고민하며 두
어 줄 쓰는 데도 몇 분씩 골똘히 생각했던 것도 바로 그런 이유였다.

그러나 아무리 좋은 말도 행동과 일치하지 않으면 교육 효과를 기대
하기 어렵다. 아이에게 원하는 것이 있다면 엄마가 그대로 실천해 보여
주어야 하는 건 자녀교육에서 정말 중요한 지침이다. 다른 사람을 배려
할 줄 아는 아이로 키우고 싶다면 엄마가 먼저 배려하는 모습을 보여주
어야 한다.

막내 귀공이가 초등학교에 입학하고 얼마 지나지 않아서였다. 귀공
이 알림장에 손거울이 준비물로 적혀 있어 《즐거운 생활》 책을 펼쳐보
았다. 손거울을 들고 거울에 비친 자기 얼굴을 그리는 수업을 하기 위
한 준비물인 듯했다. 학교 가는 아이에게 거울 하나를 더 챙겨 넣어주

며 "가방 속에 두었다가 혹시 손거울을 미처 갖고 오지 않은 친구가 있으면 빌려줘" 했다. 내 아이가 번거롭긴 하겠지만 만약 거울이 없으면 수업하는 데 어려움이 따르는 중요한 준비물이니 누군가에게 분명 요긴할 거라고 생각했다. 막내는 내 의도를 파악했는지 "알았어요, 엄마" 하며 예쁘게 말했다.

귀공이에게 내색은 안 했지만 내 마음속에는 이미 생각하는 누군가가 있었다. 귀공이가 입학하고 처음 짝꿍이 된 남자아이였다. 눈이 선하고 예쁘게 생겨 대번 착한 아이인 줄 알았고 그 아이랑 짝이 된 것이 좋았다. 그런데 학부모 모임 날 갔더니 엄마 대신 아빠가 나오셨다. 우리 아이와 짝꿍이기에 나랑 옆자리에 나란히 앉았다. 나는 "엄마가 바쁘신가봐요?" 하고 물었다. "아, 예. 엄마가 없어요." 순간 가슴이 철렁했다. 그리고 감사했다. 내 막내동생보다도 어려 보이는 젊은 아빠가 솔직하게 대답해준 것이 고마웠고, "차분한 귀공이랑 짝꿍이 되어 아들이 무척 좋아한다"고 말해줘서 또 감사했다.

급식 보조일도 자원하고 학급 모임이 있어도 빠지지 않고 참여하는 아빠를 나는 뭐라도 도와주고 싶었다. 그래서 준비물을 챙길 때면 혹시 그 아이가 빼먹고 왔을까봐 슬쩍 하나씩 더 챙겨주곤 했고, 아주 중요한 숙제가 있으면 전화도 해주곤 했다. 늦게까지 일하는 아빠가 엄마처럼 섬세하긴 어렵기 때문이다.

귀공이가 챙겨간 여분의 거울은 두 사람에게나 도움을 주었나보다. "엄마~ 있죠. 내 친구 둘 다 그 거울 번갈아 보며 그림을 그렸어요. 그거 안 가져갔으면 내 거울을 셋이서 봤을 테니 나도 제대로 못 그릴 뻔

했지 뭐예요. 휴~" 귀공이는 엄마에게 아주 감사하다는 듯 환히 웃으며 말했다.

아이들의 친구들은 모두 다 내 자식같이 그렇게 예쁘고 사랑스럽다. 내가 직장생활을 하며 아이들을 키워선지 일하는 엄마를 둔 아이들은 더욱더 애착이 간다. 머리 용량은 작은데 일까지 하느라 내 아이들 준비물을 꼼꼼히 잘 챙겨주지 못하니, 혹여 나 같은 직장엄마 동지들이 있을까봐 '덤으로 하나 더 얹어 보내주기'는 나도 모르게 습관이 되어버렸다.

내 마음을 전하는 귀공이와 내 마음을 받는 아이들이 '서로 사랑하기'를 조금이나마 느낀다면 더 바랄 게 없겠다. 준비물을 깜빡 잊고 안 가져와 초조해할 아이들에게 구세주처럼 "짠! 여기"하며 여분의 준비물을 꺼내는 귀공이와 환히 미소 지었을 꼬마들의 얼굴을 상상하며 사랑하고 배려하기란 어느 먼 곳, 거창한 데 있는 것이 아니라는 걸 새삼 깨달았다.

칭찬과 꾸중은 언제 어떻게 해야 효과가 있나요?

칭찬이나 꾸중이나 둘 다 목적은 같다. 아이를 잘되게 하려는 것이다. 아이를 바르게 교육하기 위해서 어떤 방법을 쓸 것인지 결정할 때는 먼저 지금 내가 아이에게 교육하려는 본래 목적이 무엇인지, 어떤 학습을 유도하려는지 생각해보아야 한다.

본 학습인 메인 도로로 들어와 스스로 달릴 수 있는 능력이 되기 전의 아이는 꾸중보다 칭찬으로 일관하는 게 좋다. 예를 들어 연초부터는 매일 일기를 쓰기로 아이와 계획을 세웠다면, 가장 중요한 것은 아이가 그 결심대로 일기를 매일 쓰는 것이지 일기의 내용이 중요한 게 아니다. 한 줄이든 두 줄이든 칭찬하고, 글씨가 엉망이어도 어제보다는 나아졌다는 말로 격려해주어야 한다.

그러다 아이가 워밍업 수준을 뛰어넘어 심화단계로 올라섰다 싶으면 조금씩 더 나은 모습을 위해 지적을 곁들여도 된다. 그러나 이 경우도 칭찬이 기본이 되어야 한다. 잘한 것은 충분히 칭찬해주고 다음으로 어떤 부분을 조금만 더 보충하면 더욱 훌륭한 글이 되겠다고 지적하는 것이 현명하다. 즉 어떤 공부나 습관이 아직 익숙해지기 전이면 일단 칭찬으로 일관해 그 습관을 익히도록 도와주고, 일단 궤도에 올라왔다 싶으면 적당히 지적해 발전된 모습으로 이끌어야 한다.

아이가 발전을 거듭해갈수록 더 나은 방향으로 나아가기 위해 적당한 지적이 곁들여져야 하고 칭찬 또한 그 근거를 분명히 가지고 있어야 한다. 이유가 합당하지도 않은데 얼렁뚱땅 칭찬하게 되면, 칭찬을 통해 다음 상황에서도 그 행동을 유도해보려는 본래 목적이 효력을 잃는다. 그뿐만 아니라 그 정도에서 칭찬받으니 다음에도 그만큼만 하면 된다는 생각을 하게 하여, 아이가 더는 노력하는 모습을 보이지 않을 수 있다. 가령 글씨를 별로 예쁘게 쓰지도 않았는데 예쁘게 잘 썼다고 칭찬해주면 그 정도만 쓰면 되는 거라고 생각할 수 있다.

학습이 아닌 행동 면에서의 꾸중이나 나무람도 마찬가지다. 아이가 미처 습관으로 체득하지 못해 실수를 반복하는데 격려 과정도 없이 나무라기만 한다면, 아이는 아예 좋은 생활습관에 접근도 하지 못할 것이다. 좋은 생활습관과 품성을 가질 수 있도록 하기 위해서는 우선 아이 처지가 되어 격려해주고, 힘들지 않게 이끌어주며 가르쳐야 한다. 어느 정도 몸에 익숙해지면 바르게 지적도 해가며 지도하면 된다.

그러나 때로는 엄하게 다스려야 할 부분도 있다. 도덕적으로 옳지 못하거나 다른 사람에게 피해를 주는 행동 등은 따끔하게 혼을 낼 수도 있어야 한다. 아이들에게는 엄마가 가장 싫어하는 말과 행동을 미리 반복해 알려주고, 그 말이나 행동을 보이면 갑자기 얼굴빛을 바꾸며 꾸중하는 것이 효과적이다. 평소에 다정하고 친절한 엄마일수록 갑작스럽게 변하는 얼굴은 '그 행동은 정말 해서는 안 되는 아주 좋지 않은 것이구나' 하는 인식을 갖게 해주는 효과가 크다.

나는 "난 못해"라는 말을 쓰는 걸 싫어해서 아이들이 최소한 내 앞에서만큼은 이 말을 쓰지 않도록 했다. 나는 아이들에게 이 세상에 인간의 노력으로 불가능한 건 딱 두 가지뿐이라고 했다. 그건 바로 '죽음'과 아직까지 현대의학이 해결하지 못한 '불치병'이다. 그 외의 것은 어떤 것이든 인간의 의지와 노력으로 다 해낼 수 있다고 믿으며, 내 신념을 내 아이들도 믿고 실천하기를 바랐다.

그 밖에 행동 면에서 내가 유독 강조한 것은 '가족애'와 '정직'이다. 부모님을 모시고 사는 일곱 식구 대가족이던 우리 집은 넉넉하고 풍족하지는 못해도 항상 즐거운 웃음이 떠나지 않는 가족이었다. 가족 행사가 있는 날 중요하지 않은 개인적인 일을 이유로 빠진다고 하거나 어른들께 예의바르지 못한 행동을 하는 것은 크게 나무라고 꾸중 들을 일이라는 인식을 심어주었고, 화목한 가정을 원하는 엄마의 소망을 아이들은 잘 따라주었다.

또 하나 다른 사람을 대하는 태도에 관해 내가 아이들에게 금기시한 것이 있었다. 자신의 노력과는 상관없이 주어진 것들로 그 사람을 무시하거나 흉을 보면 가만두지 않고 냉정한 얼굴로 나무랐다. 가난하거나 몸이 불편하거나 생긴 모습을 들먹이면서 상대방을 무시하는 행동이나 발언을 하는 것은 용서하지 않았다.

적당한 꾸중은 필요하겠지만 그것 또한 칭찬의 바탕 위에서 이루어져야 효과적이다. 사랑을 바탕으로 해야 꾸중 또한 참된 교육 과정으로 받아들이기 때문이다. 자녀교육에 가장 중요하고 확실한 무기는 칭찬이라는 사실을 잊어서는 안 된다.

다른 사람 앞에 서는 데
두려움을 느껴요

어린 시기에는 유아동요를 가르쳤고 유치원에 다닐 무렵엔 창작동요를 가르쳤다. 동요를 가르친 목적은 여러 가지였다. 일단 노랫말이 예뻐서 표현력을 길러주는 데 도움을 줄 것 같았다. 가사가 예쁜 동요를 부르며 마음이 밝고 고운 아이로 자라게 하고 싶은 마음도 한몫했다.

종합장에 가르쳐줄 동요를 적고 여백엔 시화처럼 그림을 그려 넣었다. 때로는 남편이 나서서 숨겨진 그림솜씨를 뽐내기도 하고, 나 또한 아이의 종합장에 색칠을 하며 까마득한 어린 시절로 돌아간 듯 행복해했다. 온 가족의 그림솜씨가 다 들어 있는 손때 묻은 노래집은 피서를 가거나 가족 나들이를 할 때면 가장 먼저 챙기는 놀이도구였다.

나는 아이들에게 노래를 가르치고 나서 가족 앞에서 불러보게 하였다. 한가한 날이면 저녁을 먹고 가족에게 말했다. "자, 오늘 저녁식사 후엔 모두 거실로 모여주세요. 노래자랑대회가 있습니다." 부모님과 남편, 아이들 둘은 모두 거실로 나왔다. 이어서 나는 뻔뻔스럽게 말했다.

"지금부터 제5회 동요부르기대회를 시작하겠습니다. 참가번호 1번 나와주세요." 딸이 앞으로 나왔다. 나는 주먹을 마이크 모양으로 만들어 아이의 입에 갖다대고 말했다. "어디 사는 누구세요?" 엄마의 천연덕스런 연기에 단련된 아이는 웃지도 않고 사는 곳과 이름을 말했다. "무슨 노래를 불러주실 건가요?" 아이는 마치 낯선 어른에게서 질문을 받는 듯 또박또박 말했고, 내가 방청석의 힘찬 박수를 주문하면 부모님과 남편은 손바닥이 아프도록 박수를 쳐주었다. 참가번호 2번인 아들에게도 똑같이 했다.

국어공부의 중요한 부분을 차지하는 것 가운데 하나가 다른 사람 앞에서 자기 생각을 표현하는 능력이다. 나는 이 능력은 부모 앞에 서서 노래를 부르고 동시를 읊어보게 하는 것으로도 충분히 길러줄 수 있다고 믿었는데, 내 생각이 맞았다. 큰아이가 서울시 시낭송 대회에 참가했을 때, 아이는 조금도 떨지 않고 가족 앞에서 하듯 편안하게 청중 앞에서 시를 읊었다. 자신 있는 목소리로 아이는 얼굴 가득 표정을 담아 시를 암송했다.

내가 하찮게 느껴지는 날

한 번 눈을 감아봐
눈 꼭 감고 한 스물쯤 세어봐
한 번 귀를 막아봐
귀 꼭 막고 한 스물쯤 세어봐

한 번 입을 다물어봐

입 꼭 다물고 열 마디쯤 참아봐

보고 싶니?

듣고 싶니?

말하고 싶지?

넌 정말 축복받은 아이야

이 아름다운 세상을 누릴 수 있으니

그걸 깜빡했다니 참 바보로구나~

마지막 인사 '감사합니다'까지 붙여 여유 있게 시를 낭송한 꼬마 낭송
가는 생각지도 않은 상까지 받았다. 청중을 다섯 명 두고 연습했을 때와
그 몇 배수의 청중을 앞에 둔 실전이 다를 바가 없음을 증명해 보였다.

아이들에게 남 앞에 서서 자기를 표현하는 능력을 길러주고 싶을 때
웅변학원만을 생각하는 엄마가 있다면, 집에서 엄마가 사회자가 되어
놀이처럼 즐기는 동시대회나 동요대회를 해보라고 권하고 싶다. 방청
석엔 손바닥 두꺼운 아빠를 박수부대로 꼭 앉혀놓고 말이다.

뜻한 대로 되지 않을 때 아이가 실망하고 좌절한 적은 없나요?

아이를 특별히 영재로 키우려고 생각한 것은 아니었다. 그러나 아무도 빼앗아갈 수 없는 아이의 평생 재산이 무엇인지 나는 알고 있었고, 엄마로서 그것을 주기 위해 노력해야 한다고 생각했다. 그것은 주변의 정보를 제대로 받아들이고 이해할 줄 아는 능력과 그 능력을 바탕으로 자신의 문제를 바르게 해결할 줄 아는 힘이다. 그러기 위해서는 머리가 좋은 것이 유리하다고 생각했고, 그래서 지능이 높은 아이가 되게 하려고 노력했다.

그래서인지 아이는 말을 빨리 했고 글자와 숫자도 빨리 익혔다. 생각하는 것도 또래들보다 깊어 늘 제 학년 같지 않게 의젓하고 성숙하다는 얘기를 들었다. 그러나 한편으로는 또래들보다 조금 빠른 것을 자신이 대단한 사람인 양 착각하고 자만하지는 않을까, 어느 날 더 큰 세상 앞에서 자신의 부족한 점에 맞닥뜨리고 좌절하게 되지는 않을까 늘 염려되었다.

아이가 병균이 없는 세상에 살면 좋겠지만 그럴 수는 없으니, 병균과 만나면 싸워 이기라고 예방주사를 맞힌다. 나는 이 문제를 해결하는 방법으로 예방주사를 미리 놓아주듯 작은 좌절을 미리 만나게 해주기로 하였다. 그래서 아이들이 자라면서 기회가 있을 때마다 각종 대회에 응모했다. 수학경시대회나 글짓기대회, 시낭송대회에 참여해 여러 아이들과 경쟁할 수 있는 자리를 만든 것이다.

그 대신 아이들에게는 항시 '결과에 부담을 갖지 말고 어떤 결과에도 만족하자'는 말을 잊지 않았다. 좋은 성적으로 입상하면 자신감을 얻을 수 있어 좋고, 성적이 좋지 않아도 나보다 잘하는 사람들이 많다는 것을 느끼고 더 노력해야 한다는 마음을 가질 수 있으니 좋을 것 같았다. 실제로 아이들은 잘할 때도 있었고 잘 못할 때도 있었지만, 엄마의 뜻대로 크게 좌절하거나 실망하지 않았으며 자만하지도 않았다.

소년한국일보사에서 매년 전국초등학생 일기 현상공모를 하였는데 처음 응모했을 때 딸은 장려상을 받았다. 전국대회였으니 나에겐 그 상만 해도 고맙고 감사했는데 딸은 거기에 만족하지 않았다. 자기보다 더 열심히 쓰는 아이들이 있음을 깨닫고 더욱 열심히 일기를 쓰더니 다음해에는 전국 3위인 동상을 받았다.

결과가 좋지 않았을 때도 크게 흔들리지 않았다. 내가 만족스러운 결과를 얻지 못해 아이들이 마음을 다치지는 않을지 염려하고 있으면, 아이들은 오히려 나에게 방긋 웃으며 말했다. "엄마, 걱정 마세요! 우리에겐 그게 있잖아요! I am disappointed, but I am discouraged(나는 실망하지만 낙담하지는 않는다!)" 고등학교 시절 영어공부를 하다가 발견한 이 구문은 내 좌우명이 되었고 내 뜻대로 결과가 나오지 않을 때

나를 달래주며 용기를 잃지 않도록 지켜준 말인데, 아이들에게도 자주 반복해 들려주다보니 어느새 저희도 자주 써먹는 말이 되었다.

아이들도 나도 그리고 남편도 열심히 노력은 하지만 결과가 흡족하게 나오지 않을 때 그 정도의 결과밖에 못 만든 자신에게 잠시 실망은 할지언정 용기를 잃지는 않는다. 이 세상 그 누구도 온전히 완성된 사람은 없기 때문이다. 실패를 겪으며 인간은 비로소 든든한 자아를 완성해갈 수 있다. 중요한 것은 실패 원인을 분석한 후엔 겸손하게 결과를 받아들이고 또 그다음 단계에 이르기 위해 노력해야 한다는 것이다. 그래서 나는 항상 실패 앞에 굴복하는 나약한 아이가 되지 않도록 나부터 솔선하는 엄마가 되려고 노력한다.

53 Q 학습보다는 자연에서 뛰노는 교육이 중요하다고 하는데…

일찍부터 아이를 데리고 한글과 숫자를 가르쳤음을 아는 분들은 내가 공부에만 지나치게 신경 쓰는 엄마라고 생각하는 것 같다. 그래서 자연에서 뛰노는 교육을 중요하게 여기지 않을 것이라고 생각하겠지만 그렇지 않다. 내가 처음에 아이들에게 한글과 숫자를 가지고 다가갔던 건 '공부'가 목적이 아니라 아이들이 즐길 만한 '놀이'가 필요해서였기 때문이다.

나는 아이들이 어렸을 때 자연에서 뛰놀며 자라는 것이 정서적으로나 육체적으로나 얼마나 중요한지 알고 있다. 내가 어렸을 때 집 바로 앞엔 푸른 동해가 펼쳐져 있었고 삼면이 산으로 둘러싸인 초등학교를 다닌 건 내 삶의 가장 든든한 자양분이 되어주었다.

그러나 자연에서 뛰노는 것이 중요하다고 해서 장차 자연에서만 살 아이도 아닌데 모든 학습을 멀리한다면 그것은 훗날 아이를 더 힘들게 만들 것이다.

아이 교육엔 그 시기에 꼭 필요한 '적기교육'이라는 게 있다. 성장 단계에 맞춰 적절한 교육을 해주면 효과가 배가되는 것이다. 특히 아이가 어릴 때는 몸이나 두뇌가 한창 성장하는 시기이므로 충분한 자극을 주는 것이 좋다. 그렇기 때문에 엄마의 수다나 동요 부르기는 아이들에게 자연스럽게 언어 자극이 되고, 지능개발에도 영향을 많이 줄 수 있다. 아이의 두뇌개발에 맞춰 적당한 놀이와 자극을 이용한 학습도 필요한 것이다.

반면 자연에서 뛰어놀다 보면 다른 아이들에게 뒤처지진 않을까 걱정하는 엄마들도 많다. '자연에서 뛰어논다'라는 말의 의미를 곧이곧대로 해석하기보다는 아이가 스트레스를 느끼지 않는 범위에서 최대한 즐겁고 행복하게 학습할 수 있는 환경을 만들어줘야 한다고 이해하면 좋겠다. 그 환경이 풀 향기가 나고 흙을 밟을 수 있는 곳이면 더 좋다. 중요한 점은 엄마의 억지에 의해 강요당하는 인위적인 학습이 아니라 스스로 즐거워하는 꿀맛 나는 학습환경을 만들어주도록 노력해야 한다는 것이다.

위로 두 아이들을 키울 때는 운이 좋아 마치 서울 속에 자리한 작은 시골마을같이 정원이 넓은 집에서 흙냄새를 맡으며 살 수 있었다. 그러나 이사를 가게 되면서 콘크리트 숲 사이로 들어간 듯 삭막해져, 막내 귀공이를 생각하면 항상 마음이 아팠다. 그러다 올봄 드디어 그 꿈을 이루어 서울서 별로 멀지 않은 공기 맑은 곳으로 집을 사서 이사하게 되었다.

하지만 거실에서 보면 온통 산인 그림같이 예쁜 집으로 이사를 가는데도 주변에서는 걱정을 많이 해주셨다. 귀공이 교육문제 때문이었다.

그러나 나는 아무 문제 없다고 생각한다. 책을 읽으며 자연에서 뛰어노는 것 이상으로 좋은 초등교육은 없다고 믿기 때문이다. 기본만 제대로 익히면 어디서든 공부는 스스로 할 수 있다.

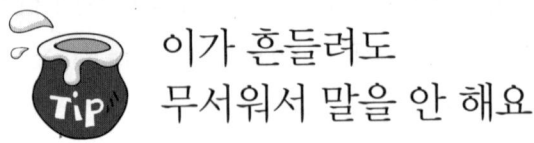

이가 흔들려도
무서워서 말을 안 해요

막내는 나를 닮아 겁이 많다. 이가 흔들려도 무서워서 말을 안 했다. 이를 뺄 시기가 지나면 덧니가 나는데 매일 일일이 확인할 수도 없어 꾀를 냈다.

이를 빼고 나서 베개 밑에 두고 소원을 빌고 자면, 다음 날 요정이 빠진 이를 가져간 대신 선물을 두고 간다는 이빨요정 이야기를 들려주었다. 다음 날부터 막내 귀공이는 이가 흔들리면 신난다는 얼굴로 달려와 선물을 받게 됐다고 이야기했다. 이는 큰딸이 뽑아주었다. 이상하게 엄마보다 언니가 이를 뽑아주는 걸 좋아했다. 이를 뽑아주면서 큰딸은 귀공이에게 받고 싶은 선물을 알아낸 다음 나에게 퇴근할 때 사오라고 살짝 전화해주었다. 이 방법으로 아이가 두려워하던 이 뽑기는 즐거운 일이 되었다.

아이들을 기를 때 적당히 '당근'을 쓰면 여러 가지 좋은 습관을 유도할 수 있다. 일기장에 꼬리글을 달아주는 것도 힘든 일기쓰기를 재미있게 쓸 수 있게 하는 방법이 되며, 매일의 과제를 주고 스티커를 붙여주며 격려하는 것도 좋은 방법이 된다.

아이의 동심을 지켜주면서 엄마가 의도하는 것까지 얻을 수 있는 지혜를 발휘해보자. 육아는 결코 힘들기만 한 일이 아닌 참으로 달콤한 것이 될 수 있다.

5

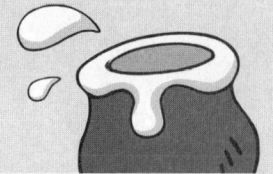

똑똑한
학습**환경** 만들기

Q54 환경이 아이 키우기에 적당하지 않아요

병명을 모르는 환자가 있었다. 어디를 눌러도 아팠다. 눈을 누르면 눈이 아프고 코를 누르면 코가 아프고 머리를 누르면 머리가 아팠다. 안과, 이비인후과, 신경외과를 차례대로 찾았지만 원인을 알 수 없었다. 마침내 한 의사가 원인을 찾아냈다. 원인은 환자의 손가락이었다. 손가락을 다쳤으니 어디를 눌러도 다 아픈 거였다. 검은색 안경을 쓴 사람의 눈에는 세상이 전부 검게 보이고 붉은색 안경을 쓴 사람에게 세상은 전부 붉은색이다. 내가 불리하게 보는 내 환경은 내 마음이 그렇게 보도록 시킨 것이다.

경제적으로 여유가 있고, 아이와 함께할 시간도 많고, 돌보아야 할 자녀수도 적고, 남편이 교육에 적극적으로 동참하여 도와주는 환경이라면 아이 기르기가 더없이 쉬울 수 있다. 그러나 이런 조건을 갖추지 못한 것이 아이 기르기를 방해하는 요소라면, 나는 엉망인 아이를 길러내야 맞다.

나는 경제적으로 여유가 있는 것도 아니었고 직장에 다니느라 아이들과 함께할 시간도 많지 않았다. 자식교육에 열의가 있는 엄마라면 누구든 살고 싶어 한다는 학군 좋은 강남에 살고 있지도 않았다. 돌보아야 할 아이는 셋이나 되고, 남편은 '애들은 밥만 먹여주면 제 알아서 자란다'고 생각하는 교육에는 무관심한 사람이다. 게다가 대가족의 맏며느리로 부모님을 모시고 살아서 어디 한 번 나가려 해도 눈치를 봐야 하고 집안일도 만만치 않았다. 환경 탓하기 좋아하는 엄마가 볼 때 아이 키우기에 불리한 악조건은 다 갖춘 셈이다.

그러나 딱 한 가지만 중심에 버티고 있다면, 아무리 불리해 보이는 환경이라도 아이를 바르게 키우는 데 문제가 되지 않는다고 나는 자신 있게 말할 수 있다. 아이를 잘 키우겠다는 엄마의 강한 의지와 정성 그리고 아이에 대한 사랑만 있다면 말이다.

엄마의 사랑은 태양보다도 뜨거워서 어떤 불리한 악조건도 다 불태워 녹여버릴 수 있고, 태풍보다도 강해서 어떤 장애물도 날려버릴 수 있다. 강의실에 가면 나는 후배엄마들에게 진심으로 말한다. 나보다 더 불리한 조건인 엄마는 없을 거라고. 그러므로 내가 가졌던 사랑과 정성만 첨부한다면 나보다도 훨씬 더 아이를 잘 키울 수 있다고 말이다.

아이들이 멍하니 TV만 보고 있으면 가슴이 답답해져요

55

아이들을 떼놓고 일한 나는 늘 마음으로 '시간 가난'에 시달리고 있었다. 그렇다고 부족한 시간을 보충하기 위해서 하던 일을 접고 집으로 들어가겠다는 생각은 하지 않았다. 시간은 사용하는 사람의 지혜에 따라 고무줄처럼 늘어날 수도 줄어들 수도 있는 거라 믿었기 때문이다. 양적으로 부족한 시간을 어떻게 질적으로 잘 활용할 수 있을지 더 많이 생각했던 것 같다. 그렇기에 자연히 아이들과 같이 있는 시간이면 무엇이든 함께하려고 노력했고, 자투리 시간이라도 아이들에게 조금이나마 도움이 되는 무언가가 없을지 연구했다.

그날도 부엌에서 저녁준비를 하다가 거실에서 TV를 보고 있는 아이들이 신경 쓰여 아이들을 불렀다. 아주 재미있는 프로는 아니었는지 아이들은 금방 쪼르르 식탁 근처로 왔다. 아이들에게 항상 고마웠던 건 아이들이 '엄마랑 노는 게 제일 재미있다'며 엄마와 노는 걸 즐거워했다. 아이들은 엄마가 놀이 속에 학습을 숨겨놓고 있다는 것을 눈치 채지 못했다. 그냥 엄마는 재미있고 즐거운 놀이를 잘도 만들어내는 어른이라 생각하는 눈치였다.

"얘들아, 지금부터 5분의 시간을 줄 테니까 네 글자로 된 단어를 누가 많이 써오나 시합하자! 어때?" 아이들은 "좋아요!" 하며 종이 한 장과 연필 하나씩을 들고 제 방으로 들어갔다. 그동안 나는 하던 부엌일을 마저 했다. 아무 생각 없이 TV 앞에 앉아 있는 아이들을 두고 저녁 식사 준비를 할 때보다 음식 만드는 게 더 신이 났다. 누군가 옆에서 박수를 막 쳐주고 있는 느낌이 들었다. 아이들은 연년생이었고 어려서부터 늘 사이 좋은 친구처럼 지내서 함께 놀이하기에 딱 좋았다.

5분이 지나자 나는 마침 종소리를 "땡!" 하고 쳤다. 아이들이 가져온 종이를 보고 동그라미를 치며 몇 개인지 세어보았더니 아들이 이겼다. 아들이 적어온 단어를 보며 나는 절로 웃음이 나왔고 딸은 입을 삐쭉 내밀었다. 딸이 적은 단어는 '불가사리', '해바라기', '동그라미' 등 순수하게 네 글자로 된 단어들인 데 반해 아들이 적어온 글자는 네 글자로 된 합성어였다. '개나리꽃', '진달래꽃', '무궁화꽃' 등 세 글자로 된 꽃 이름 뒤에 '꽃'이라는 글자를 붙여놓거나, '개미다리', '나비날개', '파리오줌' 등 두 글자로 된 곤충이름 뒤엔 아무 단어나 붙여 네 글자로 만들어놓았다. 승부욕 강한 딸은 동생이 반칙했다고 주장했지만 합성어는 안 된다는 규정을 얘기하지 않았으니 이번 경기는 아들의 승리였다. 나는 아들이 적은 단어들을 보며 비록 잔머리를 굴린 것이지만 나처럼 고정관념에만 싸여 있지 않은 녀석의 유연한 융통성이 기특해서 웃음이 나왔다.

며칠 후엔 한 글자로 된 단어 적어보기 게임을 했는데 이번에도 아들이 이겼다. 딸이 '콩', '팥', '땅', '물', '불', '눈', '비'같이 예쁜 단어들을 적어온 데 반해 아들이 찾아온 단어에서는 이상한 냄새도 나고 시끄러운 소리도 들렸다. '똥', '밥', '피', '털', '눈', '코', '입', '월, 화, 수, 목, 금, 토, 일', '도, 레, 미, 파, 솔, 라, 시', '일, 이, 삼, 사, 오, 육, 칠, 팔, 구, 십'… 딸도 나도 두 손 두 발 다 들고 아들의 승리를 인정해 주었다.

단어 찾아내기 게임에서 동생에게 참패를 당한 후 딸은 눈에 보이는 단어를 예사로이 넘기지 않는 버릇이 생겼다. 길을 가다가도 "아! 저거도 네 단어네. 저건 다섯 단어다!" 하며 대단한 걸 발견한 듯 소리쳤다. 그러면서 긴 글자를 짧게 줄여서 자기들이 원하는 글자 수를 만들기도 했다. "'성동초등학교'를 네 글자로 줄이면?" "성동초교." "세 글자로 줄이면?" "성동교." "에이~ 누나 그건 잠실대교처럼 다리 이름 같잖아." 둘은 길을 가면서도 저희끼리 킥킥대곤 했고 글자를 데리고 놀고 있는 아이들이 예뻐서 나도 같이 웃었다.

아이들이란 씨감자 한 알 심은 곳에서 주렁주렁 풍성하게 매달린 감자 덩굴이 나오는 것 같다는 생각이 든다.

56

남편이 일찍부터 교육하는 걸 반대해요

아이들이 어렸을 때 여름과 겨울엔 꼭 수영과 스케이트를 가르쳤다. 길게도 아니고 한 달 정도씩만 근처 수영장과 어린이회관 스케이트장에 다녔는데, 아이들이 어려서 늘 친정어머니가 따라 다니셨다. 어느 정도 오고 가는 데 익숙해지고 나면 셔틀버스를 태워 보내도 되는데 어머니는 굳이 아이들을 따라 다니면서 챙겨주셨다. 수영장 위층에서 아이들을 지켜보며 손을 흔들어주시고, 스케이트장에 따라가 신발 끈을 묶어주고, 어묵을 사 먹이며 그렇게 아이들 곁에 함께하셨다.

어느 여름이었다. 어머니에게 두 아이를 맡겨놓고 돈벌이하겠다고 바삐 뛰며 돌아다니는 나에게 어머니가 물으셨다. "너, 돈 좀 있냐? 있으면 둘째 수영 개인지도 꼭 한 달만 시키자." 갑작스러운 어머니의 제안에 나는 눈이 동그래졌다. '한 달에 30만 원이나 하는 개인지도를? 그것도 이제 겨우 여섯 살짜리가 수영을 배우는데?' 우리 어머니처럼 알뜰살뜰하신 분이 그런 생각을 하셨다는 데 놀라서 이유를 묻지 않을 수 없었다. 어머니 말씀이 둘째가 수영하는 걸 지켜보고 있자니 속이 부글거려서 못 참겠다는 것이다. 남들은 다 앞으로 쑥쑥 잘 나가는데 우리 손자만 뒤처지는 것 같아 속상해서 개인지도를 받아서라도 다른 애들을 따라잡아야겠다고 하셨다.

늘 흔들림 없이 고요하고 여성스러움의 표본이신 우리 어머니께도 그 속에는 나만 알고 있는 숨겨진 승부욕이 있었다. 당신 딸인 나를 키우면서도 어머니는 드러내지 않고 남몰래 나를 훈련시키셨다. 새벽에 자는 아이를 깨워 펌프 물에 세수시키고 받아쓰기 시켜 학교에 보낸 사람은 시골 우리 학교에선 전교생을 통틀어 아마 우리 어머니 혼자였을 것이다. '당신 딸을 키운 저력이 남아 이젠 손자에게까지 이어지는구나' 싶은 생각이 들자 심각한 어머니 앞에서 그만 웃음이 터져나왔다. "어머니, 그냥 두세요. 수영선수 시킬 것도 아닌데 좀 못하면 어때요. 물속에서 물장구치면서 시원하게 여름 보내라고 수영시킨 거지 수영 1등 하게 하려고 하는 거 아니니까 너무 신경 쓰지 마세요. 수영 개인지도에 쓸 돈 있으면 가락시장 가서 수박을 30덩이 사먹겠어요, 호호." 그럴 줄 알았다는 듯 개인지도를 포기하신 어머니는 다음 날 내 수영복을 빌려달라고 하셨다. 그리고 토요일과 일요일이면 둘째와 함께 어린이회관 수영장에 가서는 그동안 수영 수업 관찰한 것을 기초로 직접 손자를 지도하셨다.

나는 마음속으로 친정어머니의 열정과 사랑에 감동했고, 그 사건에서 큰 가르침을 얻었다. 어머니의 열성은 교육현장에서 멀리 떨어져 있는 사람은 가질 수 없는, 그 자리에 있어 직접 보고 느낀 사람만이 가질 수 있는 것이었다.

아빠들은 대부분 아이 교육에 직접 동참하기보다 한 발짝 떨어져 있다. 그러므로 아빠는 엄마처럼 아이의 부족한 부분을 속속들이 알지 못한다. 또 직장 일에 지쳐 있어 아이가 정말 무엇을 필요로 하며, 언제쯤 어떤 교육이 필요한지 깊이 생각해볼 마음의 여유를 갖지 못한다. 아이의 부진함을 직접 보고 견딜 수 없어하는 엄마에게 오히려 쓸데없는 과잉 안달을 부린다고 하는 이유는 그 때문이다.

사공이 많으면 배가 산으로 올라간다는 말이 있다. 부부가 의논하여 아이의 교육방향을 잡아가는 것이 가장 이상적이겠지만, 교육에 관해 의견이 같지 않은 경우 어느 한쪽이 전적으로 책임을 지고 아이의 교육방향을 잡아가는 것이 옳다. 아이를 배에 태우고 바른 방향을 찾아 노를 저어가는 사공의 역할은 아이 교육과 좀 더 가까운 곳에 서 있는 사람이 맡는 것이 좋다.

Q 57

남편과 교육에 관해 의논하면 자꾸
부딪히는데 어떻게 해야 할까요?

자녀교육에 가장 좋은 환경은 부부가 의견이 잘 맞아 아
이의 교육에 대해 의논해가며 아이를 바른 교육으로 이
끄는 경우일 것이다. 그러나 교육에 가장 협조해야 하는
남편이 의외로 가장 큰 방해꾼인 집이 적지 않다.

교육에 대한 부부간의 의견조율에서 우리 집도 원만하지 못했고 늘
티격태격했다. 아이의 교육에 필요한 거라고 구입하겠다고 하면 남편
은 깊이 생각지도 않고 웬만한 건 반대했고 나는 그 반대를 받아들이지
못했다. 처음엔 요령이 없어서 정면으로 설득도 하고 다투기도 했지만
곧 여러 방법을 연구해 다투지 않으면서도 내가 원하는 목적을 달성할
수 있는 묘안을 짜낼 수 있게 되었다.

남편들의 비협조는 아내들을 무척 힘들게 한다. 중학교 수학의 연립
방정식 활용 부분에 이런 문제가 나온다. 배가 강 위에서 일정한 거리
를 가는 데 걸리는 시간을 주고 거리를 계산하는 문제다. 이때 배가 가
는 방향으로 강물이 흘러가는 경우 걸리는 시간과 배가 가려는 반대방

향으로 강물이 흐르는 경우 걸린 시간을 알려준다. 이 문제를 해결하는 열쇠는 배의 방향과 강물이 흐르는 방향이 같은 경우 배의 속력은 강물의 속력과 같이 더해야 하며 반대로 배가 가려는 방향 쪽에서 물이 흘러오면 배는 강물의 속력만큼 빼주어야 된다는 점이다.

이 문제를 보면서 남편 생각이 났다. 내가 방향을 잡고 아이의 교육을 이끌어가는 데 격려와 도움을 주지 못할 거면 그냥 고요하고 잔잔한 수면이기만 해주어도 좋으련만 남편은 반대방향으로 내려오는 강물이었다. 내 배가 1미터 앞으로 나가려면 늘 방해꾼 속력과 티격대야만 했다. 그러다보니 내 속력이 한층 강해졌다. 속력이 약하면 아이를 태운 내 배는 뒤로 밀려날지도 모르니 나는 더욱 빠르게 배를 몰게 되었다.

지금 생각해보면 아이의 교육에 지나치게 느긋한 남편의 태도에 남편 몫까지 열심히 해야 한다는 생각으로 아이들에게 더 애틋한 관심과 정성을 기울였던 것 같다. 그리고 남편은 그런 나를 보며 불을 끄는 심정으로 더 무관심과 반대로 일관했는지도 모르겠다.

비협조적인 남편을 둔 아이 엄마의 태도는 아주 중요하다. 대부분의 경우 세 가지 반응을 보인다. 예를 들어 아이의 교육에 필요한 책을 구입하려 할 때 남편이 반대하면, 첫 번째 유형, 논리적이고 자의식이 강한 엄마는 따지고 든다. "아이를 제대로 키워 보려는데 왜 간섭이에요. 당신만 돈 벌어요? 가사노동이 노동가치로 얼만 줄 알기나 해요?" 하며 큰 소리 나는 상황으로 이어지기 쉽다. 때로는 아이의 교육문제로 시작된 언쟁이 확대되어 큰 다툼으로까지 번질 수 있다.

두 번째는 남편에게 순종하는 유형이다. 남편에게 오히려 설득당해서 교재를 사려 한 계획을 없던 일로 돌린다. 큰 다툼으로 몰고 간 첫 번째 경우도 지혜롭지 못하지만 두 번째 경우는 더 문제가 있다.

굳이 두 유형 중 나은 쪽을 택하라면 남편의 반대를 몸을 던져서라도 막고 아이의 교육을 이끌어보려는 첫 번째 엄마가 더 낫다. 두 번째 유형은 훗날 아이의 교육시기를 놓쳐 많이 힘들 수 있다. 무엇보다 문제인 것은 아이의 교육에 비협조적인 남편일수록 훗날 아이 교육의 모든 잘못을 아내 탓으로 돌린다는 것이다.

내가 권하는 방법은 세 번째 유형이다. 다투지도 말고 남편 말에 설득당해 아이의 교육을 미루지도 말고 가정의 화목도 지키면서 아이의 교육을 챙기는 방법이다. "나 돈 벌었어요. 글쎄 누가 급히 책을 처분한다고 해서 반값도 안 되는 가격에 샀어요", "아빠처럼 똑똑한 아이로 한 번 길러보려고 책 한 박스 샀는데… 책값으로 한 달 점심을 굶어보려고~", "우리 엄만 왜 돈도 없으면서 애들 책을 보내셨는지 몰라."

헐값에도 사보고 남편을 똑똑하게도 만들어보고 친정엄마랑 연극도 해보자. 치사한 방법으로 산 거지만 나중에 다 보상받을 수 있다. 초등학교 4학년 아빠들을 대상으로 한 설문조사에서 '아빠들이 가장 행복해하는 순간' 1위는 아이들이 좋은 성적표를 보여주는 것이었다. 아이를 영리하게 키워놓고 나서 비협조적이었던 옛날이야기를 들려주며 그를 미안하게 만들면 된다.

아이를 태운 배는 뱃길을 가로막는 물결이 약할수록 앞으로 더 잘 나아갈 수 있다. 교육 이전에 가정을 평화롭고 행복하게 만들어가는 노력은 좋은 교육을 위해 반드시 필요하다는 걸 잊어서는 안 된다.

직장을 다니면서도
아이를 잘 기울 수 있을까요?

나도 일찍부터 아이를 떼놓고 일을 해선지, 아이는 어린데 일하고 싶어 하는 엄마가 있으면 나도 모르게 이것저것 물어보게 된다. 우선 꼭 엄마가 돈을 벌어야 하는지 물어본다. 아이 옆에서 책을 읽어주고 같이 놀아주는 것이 가장 좋은 건 사실이지만 우유와 기저귀를 살 돈이 없는데 아이 옆에만 있어준다고 좋은 엄마가 될 수는 없는 일이다. 가정 형편상 꼭 엄마가 돈을 벌어야 한다면 나는 비교적 아이의 교육과 관련이 있거나 시간이 자유로운 일을 하라고 권하고 싶다. 경제학 용어 중 '기회비용'이라는 게 있다. 이것은 어떤 일을 함으로써 그 일을 하지 않았을 때 생기는 이익을 포기한 가치를 말한다. 아이의 교육가치는 너무도 크기에 조금이라도 챙기면서 할 수 있는 일을 찾는 것이 결과적으로 기회비용을 적게 하기 때문이다.

한편 일을 하겠다는 이유가 자아발전을 위해서라는 엄마에게는 아이가 10세가 지나서 시작하라고 말하고 싶다. 10세 전까지의 아이는 땅도 잘 다져주고 물도 정성껏 주며 곧게 잘 자랄 수 있는 버팀목을 세워 주어야 한다. 그 시기에는 어떤 사람보다도 엄마가 아이 옆에 있어주면 좋다. 학교에서 돌아온 아이를 맞아주고 숙제도 챙겨주고 함께 놀아주는 게 좋다.

그래도 굳이 일을 하고 싶다면, 아이와 떨어져 잘 돌봐주지 못한 부분을 퇴근 후 함께 있는 시간에 온전히 잘 해줄 수 있는지 묻고 싶다. 직장에 다니니까 피곤해서 아이들에게 신경 쓸 여력이 없다고 말할 거면 그냥 집에 있는 게 낫다.

나는 처음에는 시부모님을 모시고 살았고, 분가해 살 때는 친정어머니의 도움을 받았다. 그 덕분에 보육시설에 의존하지 않을 수 있었던 것은 나에게 커다란 행운이었다. 그러나 나는 일하면서도 나에게 부여된 가장 중요한 임무는 엄마임을 잊지 않았다.

직장 일로 바빠 쉬운 일이 아니었지만 나는 매일 그날 날짜와 같은 번호의 동화책을 아이에게 읽어주기로 나 자신과 약속했다. 하루 종일 나가 있다가 늦게 돌아와도 나는 옷도 갈아입지 않고 잠이 들려는 아이 곁에서 책을 읽어주었다. 그리고 아이가 잠이 들고 나서야 옷을 갈아입고 씻곤 했다. 내가 바쁘고 힘들다고 책 읽어주기를 거르면 일하러 나가면서도 마음이 편하지 않았다. 몸 편하고 마음 불편한 것보다 몸이 조금 힘들어도 마음이 편한 게 나았다. 책을 읽어준 날엔 달력에 나만 알게 동그라미를 그려 넣었고 매월 말 동그라미 수를 세어보며 내 실천력을 돌아보고 채찍질했다.

아이가 어릴 때에는 방문교사가 없는 학습지를 신청해 일주일에 두어 번 학습지 선생님처럼 학습지를 앞에 놓고 아이와 학교놀이하며 공부했다. 아이와 학습지를 함께 풀었기 때문에 엄마가 학습 내용을 훤히 알고 있어 아이와 생활하는 모든 것을 학습으로 연결할 수 있었다. 가령 지난주 '순서'에 대해 배웠다면, 신발장을 열어 신발을 꺼낼 때 복습할 수 있었다. "위에서 두 번째 칸의 오른쪽에서 세 번째 신발은 어떤 걸까요?" 학습지를 풀며 이미 배운 내용이니 아이도 친숙하게 받아들일 수 있었고, 엄마와 함께하는 공부시간을 즐거운 놀이나 게임처럼 생각했다.

아이가 초등학교에 다닐 때부터는 스스로 해야 할 과제를 주고, 퇴근해 돌아와서는 그 과제를 다 했는지 체크하였다. 책을 읽고 제목을 적어두는 일, 일기쓰기, 수학문제집 풀기, 영어 테이프 듣기 등 몸의 기초 5군처럼 정신에 영양분을 고루 나눠주는 데 꼭 필요하다고 생각하는 과제를 골라 아이에게 주문해두고 매일 밤 체크하고 달력에 스티커를 붙여주었다. 한 달간 스티커를 다 붙이면 상장을 주며 아이를 달콤하게 유혹했다.

엄마가 일을 하느라 아이 곁에 늘 함께하지 못하는 것을 교육적으로 불리한 조건이라 여기며 마음 아프게 생각하는 엄마들이 많다. 직장에 다니는 많은 엄마들이 하는 고민이다. 나도 많이 고민하고 갈등했다. 그러나 시간의 양이 많다고 아이를 잘 키우는 것은 아니다. 없는 시간을 알뜰하게 잘 이용하면 직장생활을 하면서도 충분히 아이를 올바르고 똑똑하게 키울 수 있다. 막연히 뭔가를 해주지 못하는 것을 불안해하지 말고 시스템을 만들어 실천하면 된다. 아이에게 자신의 일은 스스로 찾아서 할 수 있게 해준다는 점은 일을 하는 엄마에게 장점으로 작용할 수도 있다.

중요한 건 아이와 함께하는 절대시간이 적다는 단점을 보완하기 위해 아이와 함께하는 시간을 질적으로 잘 이용하려고 노력하는 것이다. 세상 모든 일이 다 그렇지만 완벽하게 이롭기만 한 조건도 불리하기만 한 조건도 없다. 스스로 노력한다면, 충분히 자신의 환경을 극복하고 이롭게 이용할 수 있다.

Q 59 시골 부모님께 아이를 맡겼는데 괜찮을까요?

 부부가 중고 자동차매매업을 하여 제법 기반을 잡은 엄마에게서 자녀교육 상담 요청을 받았다. 아이는 초등학교 입학을 앞둔 7세 여자아이였다. 내년에 학교에 가야 하는데 아이가 아는 것이 아무것도 없다는 거였다. 눈물을 글썽이며 아이 엄마는 그동안의 이야기를 들려주었다.

시골이 고향인 부부는 아이를 낳자 시어머니께 맡겨두고 빈손으로 상경하여 열심히 돈을 벌었다고 한다. 중고 자동차매매업을 하며 고생하여 모은 돈으로 집도 마련하고 가게도 어느 정도 자리를 잡을 수 있었다. 그리고 아이가 학교에 가야 할 때가 되어 그제야 아이를 데리고 왔다고 한다.

그런데 아이는 한글과 수는 물론 기초학습이 조금도 되어 있지 않아서 어디서부터 어떻게 손을 써야 할지 알 수 없다는 것이다. 시골 어머니는 부모와 떨어져 있는 손녀가 가엾고 또 예뻐서 잘 먹이고 어디 다치지 않게 지극정성으로 길러주셨지만, 한글도 모르시는 분이라 책 한 권 읽어줄 수 없었다고 한다. 그동안 아무 생각 없이 어머니께 아이를 맡기고 방치했으니 너무 무심하였다며 울먹였다.

그러나 늦었다고 걱정할 필요는 없으며 걱정만 하고 앉아 있어서도 안 된다. 이제 겨우 7세 어린아이인데 지금부터라도 시작하면 얼마든지 잘할 수 있다. 물론 태어난 순간부터 열심히 교육적 자극을 준 경우보다 학습효과가 더디게 나타날 수는 있지만, 지금까지 소홀했던 부분을 열심히 보충하겠다는 마음으로 조금만 노력하면 얼마든지 따라잡을 수 있다.

주의해야 할 건 다급해진 엄마가 아이에게 공부를 지나치게 강요하여 '공부는 지겨운 것'이라는 인식을 심어주지 않도록 하는 것이다. 그러려면 어머니가 많이 노력해야 한다. 다그치거나 강요해서는 안 되며, 항상 격려하고 칭찬하여 아이가 성취동기를 가질 수 있게 도와주어야 한다. 다른 아이와 비교하지 말고 어제보다 하나라도 더 나아지면 칭찬해주어야 한다.

나는 아이들에게 글자를 가르치거나 노래를 가르칠 때 내 입으로 수도 없이 반복 또 반복했다. 그리고 아이가 반드시 알 거라는 확신이 있기 전엔 질문하지 않았다. 아이가 정답을 말하면 요란하게 박수치면서 "어머나~ 우리 딸 박사님이네. 참 잘했어요. 최고다, 최고!" 하고 무조건 치켜세웠다.

우선 자연스럽게 익숙해질 수 있도록 학습환경을 조성해주어야 한다. 가령 아이에게는 한글을 읽히는 것도 중요하지만 책을 좋아하게 만드는 것이 더 중요하니, 책을 손가락으로 짚어가며 읽어주고 내용에 대해 아이와 같이 이런저런 이야기도 나누는 것이 좋다. 그러면 글자공부는 물론 책과 친숙해지고 이해력도 높여주는 효과를 한꺼번에 얻을 수 있다.

10세 전 아이는 아직 굳어지기 전인 유연한 나무와 같다. 그동안 못 해준 엄마 노릇을 지금부터라도 남들보다 더 열심히 해주면 얼마든지 영리한 아이로 키울 수 있다.

7세 아이에게 그동안 못해준 것들을 한꺼번에 하느라 힘들었지만, 엄마의 지극한 노력 덕에 아이는 학교에 입학하기 얼마 전 또래에 크게 뒤지지 않게 변모했다. 엄마의 정성과 사랑만 더해진다면 교육에 불가능은 없다. 엄마의 사랑은 역시 위대하다.

그 엄마를 만난 후부터 나는 만나는 다른 엄마들에게 시 한 편을 나누어주는 버릇이 생겼다. 냉장고에 붙여놓고 아침저녁 하루에 두 번씩 꼭 읽어보라는 말과 함께.

만일 내가 다시 아이를 키운다면

다이아나 루먼스

만일 내가 다시 아이를 키운다면
먼저 아이의 자존심을 세워주고
집은 나중에 세우리라
아이와 함께 손가락 그림을 더 많이 그리고
손가락으로 명령하는 일은 덜 하리라
아이를 바로잡으려고 덜 노력하고

아이와 하나가 되려고 더 많이 노력하리라

시계에서 눈을 떼고 눈으로 아이를 더 많이 바라보리라

만일 내가 다시 아이를 키운다면

더 많이 아는 데 관심을 갖지 않고

더 많이 관심 갖는 법을 배우리라

자전거도 더 많이 타고 연도 더 많이 날리리라

들판을 더 많이 뛰어다니고 별들을 더 오래 바라보리라

더 많이 껴안고 더 적게 다투리라

도토리 속의 떡갈나무를 더 자주 보리라

덜 단호하고 더 많이 긍정하리라

힘을 사랑하는 사람으로 보이지 않고

사랑의 힘을 가진 사람으로 보리라

Q 60

부모님을 모시고 살면서 아이 교육 잘 하는 방법이 궁금해요

나는 결혼 후 부모님을 모시고 살았기에 집안일에 쏟아야 하는 시간이 유달리 많았다. 그래서 늘 아이들과 함께하는 시간이 부족해 마음이 아팠다. 부모님과 함께 살지 않았다면 가끔 저녁을 외식으로 해결하고 아이들과 함께 놀이도 하고 책 읽고 이야기도 나눌 수 있을 텐데 하는 생각도 없지 않았다. 그뿐만 아니라 아이들을 위해 현장학습도 다니고 박물관 견학도 하고 싶은데 일일이 연로하신 부모님을 모시고 다니기가 쉽지 않았다.

하지만 가장 큰 불효는 외로움이라고 생각한 나는 두 분만 두고 아이들만 데리고 다니기엔 마음이 편하지 않았다. 그래서 우리 가족은 어디를 가든지 늘 함께 다녔다. 알뜰하신 아버님은 우리 가족의 먹을거리를 사기 위해 재래시장을 즐겨 이용하셔서 우리 가족의 주말 나들이는 가락시장이나 마장동 우시장, 성남 모란시장 등이었다. "이번 주말엔 참기름 짜러 모란시장 가야 한다." 아버님이 말씀하시면 내 머릿속에서는 언제나 '이번 주말엔 아이들과 박물관 견학을 가고 싶다'와 '가족은 같이 다니는 게 좋다'는 쪽이 티격태격했다. 그러나 결국엔 아이들 다 태우고 큰 나들이라도 가듯 시장으로 향했다. 공부보다 가족애, 부모님에 대한 공경을 가르치는 것이 더 중요하다고 생각했기 때문이다.

어린이날에도 또래들처럼 대공원에 간 적이 거의 없었다. 이때쯤이면 두릅을 따기에 적당한 때라 아버님이 이끄는 강원도 산속으로 두릅을 따러 가곤 했다. 막내가 태어나면서부터는 총 일곱 식구가 이른 아침부터 도시락을 싸들고 소풍가듯 산으로 갔다. 남들은 도시 한복판의 어린이공원으로 몰려드는데 우리는 산속을 향해 도시를 떠났다.

그러나 이때 나는 그냥 가지 않았다. 아이들과 함께하는 시간이 적은 나는 조금의 자투리 시간도 그냥 흘려보내지 않으려고 빈손으로 나가는 법이 없었다. 차가 막히면 차 안에서 동시제목 맞히기나 영어문장 만들기 게임이라도 하려고 시집이나 펜과 메모지를 들고 갔다. 참기름을 짜러 가던 날엔 부모님이나 남편이 보면 극성이라고 나무랄까봐 수학 문제집을 살짝 숨겨가, 부모님과 남편이 참기름 짜는 거 기다리는 동안 차 안에서 막내랑 수학문제집을 푼 적도 있다.

아이들에게 꼭 보여주고 싶은 영화가 있을 때는 눈을 살짝 찡그리며 연극을 했다. 부모님이 영화관에 가는 것을 즐기시지도 않았지만, 내가 아이들과 영화 보러 다녀오겠다고 해서 뭐라 하실 분들이 아닌데도 괜히 아이들만 쏙 데리고 나오는 것이 마음 편하지 않았기 때문이다. 그럴 때는 가끔 학교 핑계를 댔다. 인상을 팍 쓰면서 "어머니, 요새 학교는 별 숙제를 다 내요. 영화 보고 감상문 써오라는 숙제도 내는 거 있죠? 이상해요." 그러면 어머니는 나를 달래주시듯 말씀하시곤 했다.

"응, 아가. 요샌 그런 숙제도 많단다. 네가 힘들겠지만 애들 데리고 다녀오렴." 난 서둘러 저녁 설거지를 마치곤 아이들과 집을 나와 영화를 보고 맛있는 것도 사먹고 들어가기도 했다.

그러나 나는 부모님을 모시고 사는 것이 아이 키우기에 더 큰 도움이 된다고 생각한다. 언제나 아이들을 지극히 돌봐주시는 부모님이 집에 계시니 일하러 나가서도 마음이 편해서 육아문제로 마음 고생해본 적이 별로 없다. 또 부부간에 다투는 모습이 아이들 교육에 가장 좋지 않다고 하는데 우리 부부는 다툴 일이 있어도 부모님 눈치가 보여 조그맣게 이야기하다가 화해해버린 적이 많았다. 그리고 근검절약이 몸에 배신 아버님은 알뜰하지 못한 며느리의 부족한 면을 채워주셨고, 자식 사랑이 많아 늘 보듬어 안아주시는 어머니는 이성을 앞세워 엄하기만 한 아들의 부족한 면을 보충해주셨다.

동요 중에 이런 가사가 있다. '세상이 이렇게 밝은 것은, 즐거운 노래로 가득한 것은 집집마다 어린 해가 자라고 있어서다.' 핏줄로 이어진 가족은 모두 아이들이 바르게 잘 자라기를 바란다. 교육을 이끌어가려는 엄마와 의견이 다소 다르더라도 원하는 바는 모두 같다.

아이들 교육은 분명 중요하지만 가족의 평화와 안정이 바탕이 되지 않고는 이루어지기 어려운 게 또한 교육이다. 또 아이들의 교육만을 지나치게 앞세워 가족 모두에 대한 배려를 소홀히 하는 건 아이들에게 좋은 가르침이 아니다. 가족의 의견도 존중해주면서 부드럽게 협조자로 이끌어내려는 노력이 필요하다. 엄마는 아이를 위해 때로는 바위도 되고 때로는 보자기도 되어 모든 환경을 부드럽게 감싸 안을 줄 알아야 한다.

 저희 아이는 10세가 훌쩍 지났어요.
돌이킬 수 없겠죠?

교육하는 데 늦어서 불가능한 순간은 결코 없다. 시기를 놓치면 적기에 학습하는 것보다 어렵고 속도도 더딘 건 사실이지만 불가능하지는 않다. 학습자가 이제라도 한 번 해보겠다고 마음먹기만 하면 어느 때라도 할 수 있다. 공부를 잘하는 가장 중요한 요소는 학습자 스스로의 '의지'이기 때문이다. 학습자가 어떤 환경에 있고 누가 학습자를 어떻게 가르쳐주어야 하느냐는 그다음 문제다. 스스로 하고자 하는 의지를 갖기 위해서 제일 중요한 것은 아이의 자신감 회복이고, 이는 주변의 '칭찬과 인정'으로 찾을 수 있다. 자신에 대한 타인의 기대가 있으면 그 기대에 부응하기 위해 스스로 노력하게 된다는 심리를 잘 활용하는 것이다. 칭찬을 받은 아이는 '나는 잘한다'는 자신감을 마음에 심게 되고 주변에서 강요하지 않아도 스스로 알아서 공부하는 아이로 자란다.

스스로 하는 의지가 강해 달리 사교육을 받을 필요가 없었던 큰아이는 넘치는 에너지와 여유로운 시간 덕분에 학교 수업시간에 눈동자를 빛내며 선생님 말씀을 성실하게 따라갈 수 있었다. 수업태도도 좋고 예습복습도 잘한다고 칭찬받으며 아이는 늘 자신감이 넘쳤고 스스로 찾아서 공부했다.

또래들보다 학습능력이 떨어져 걱정하는 부모를 만나면 나는 우리나라 지도를 크게 그리고 맥아더 장군의 인천상륙작전에 대해 이야기해준다. 6·25전쟁에서 우리나라가 적군의 침입으로 부산 부근까지 밀려나 있을 때, 맥아더 장군은 인천을 공격의 바탕으로 삼아 적군의 허리를 끊는 작전을 펴 기울어진 전세를 마침내 역전으로 이끌어냈다. 나는 전시작전에 대해서는 잘 모르지만 맥아더 장군의 인천상륙작전은 탁월한 전술이었다고 생각한다. 궁지에 몰려 있는 아이들을 가르치는 방법도 이와 마찬가지여야 한다.

아이가 초등학교 5학년인데도 기초부터 공부하여 따라잡겠다고 초등 3학년 교과서를 찾아 읽히는 발상은 위험하다. 학교 수업시간에 선생님이 가르쳐주는 것을 이해하지 못하는데, 기초를 닦아야 한다고 아래 단계만 붙잡고 있는 건 학교 공부시간에 눈을 감고 있게 만드는 것이기 때문이다.

이때는 기초 공부와 함께 학교에서 배우는 진도의 예습을 병행해주어야 한다. 수업 전에 자습서나 교과서를 먼저 읽어보든지, 학습이 많이 부진하다면 인터넷 동영상 강의로 배울 부분을 한 번이라도 들어보고 가면 수업시간이 재미있을 수 있다. 예습한 내용 중에서 선생님이 질문하고, 그 질문에 아이가 대답이라도 한 번 한다면 더할 수 없는 자신감을 얻게 되는 것이다. 평소에 아이와 교과서를 펼쳐 읽어보고 교과진도와 꼭 맞게 구성된 학습지를 하나 마련해 함께 풀어보자.

외부에서 쥐어주는 자신감 말고 아이 스스로 자신감을 발견했을 때 비로소 성취감을 느낄 수 있게 되며, 이는 곧 자기주도학습으로 이끌어진다. 초등학교 5학년이든 중학교 3학년이든 내일 학교에서 배우는 바로 그 단원부터 시작해보자. 아이의 몸에서 날개가 솟아나면 비로소 넓은 하늘을 향한 튼튼한 날갯짓을 할 수 있다.

| 엄마는 꿀맛선생님

아주 오래전 내가 초등학생이었을 때다. 국어책에 적힌 어떤 수필가의 수필 한 구절을 읽는데 가슴에 울림이 있었다. '내가 기쁘고 즐거울 때면 잊었다가 내가 슬프고 외로울 때면 생각나는 사람들, 그들은 이미 무엇으로나 나에게 고마웠던 사람들임에 틀림이 없다. 나도 무엇으로나 남에게 고마운 사람이 되어야겠다.' 그 구절을 읽으면서 나도 누군가가 외롭고 힘들 때면 떠올려지는 그런 사람이 되고 싶다는 생각을 어린 나이에 했다.

　나에게 가장 가까운 타인이었던 아버지와 엄마가 나를 딸로 두어 행복했으면 좋겠다고 생각했다. 아버지가 기운 없어 보이실 때 나는 아주 활기차게 웃으며 딸의 밝고 환한 얼굴이 아버지의 사라져가는 기운을 보충해주길 바랐다. 나를 가르치는 선생님께도 나는 공손하고 공부 열심히 하는 착한 제자가 되어 그분들에게 가르치는 일을 보람 있게 여기게 해주고 싶었다. 동생들에게도 내가 그들의 누나여서 행복하다고 여기게 해주고 싶었고 친구들에게도 그랬다. 아이를 낳고 엄마가 되었을 때도 그랬다. 내가 아이의 엄마라는 사실이 아이에게 행복이 되길 바랐다. 소중한 사람들에게 힘이 되고 싶다던 어릴 적 그 욕심은 사라지지 않고 내 마음 한구석에 늘 자리하고 있었다.

나는 결혼 후 친정을 도울 일이 생겨 갑자기 일을 갖게 되었다. 낮엔 아이 엄마들을 만나 교육상담을 했고 밤엔 아이들을 가르쳤다. 실제 교육현장을 체험하며 너무나 많은 사람들이 거꾸로 교육하고 있음을 알 수 있었다. 건강할 땐 건강의 소중함을 알지 못하다가 건강을 잃고 나서야 후회하는 것처럼 교육도 그랬다.

학원강사를 할 때였다. 학습 의지가 없는 중간 이하의 성적을 받는 아이들을 학원강사가 이끌어가는 것이 얼마나 힘든 건지 깨달았다. 힘이 빠진 아이가 놓으려는 손을 세게 붙잡고 놓치지 않으려 힘을 쓰느라 팔이 아팠고, 혼자 잡은 손은 언제나 힘에 부쳤다. 개인지도를 할 때도 마찬가지였다. 삼각형의 기본성질과 합동, 닮음도 모르는데 피타고라스의 성질을 이해시키는 건 어려운 일이다. 돈을 받고 돌아오는데 마음이 많이 아팠다. 아이의 머리는 이미 받아들일 수 있는 용량을 초과해 내가 주는 가르침이 밖으로 빠져나가고 있음이 느껴졌기 때문이다.

원인은 그보다 더 어린 나이에 놓친 학습습관 때문이었다. 만약 그 아이의 엄마가 10년 전 아이가 어렸을 때 그 돈으로 올바른 교육환경을 갖춰주고 개인지도 선생님에게 간식 챙겨줄 정성으로 아이 곁에서 간식을 챙겨주며 책을 읽어주었다면, 사교육비 때문에 휘청거리는 오늘의 안타까운 현실을 만들지는 않았을 거라는 생각이 들었다.

그 일은 나에게 새로운 소망을 안겨주었다. 10세 이전에 엄마가 만들어주는 공부습관과 독서습관이 얼마나 중요한지 체험으로 들려주는 자녀교육 강사가 되고 싶다는 소망이었다. 그래서 불필요한 사교육비 때문에 기죽는 많은 엄마들을 위로해주고 싶었다. 소망이 간절하면 이루어진다 했던가. 2007년 뜻하지 않게 책을 쓰고 전국을 다니며 강의를 하게 되었다. 그리고 결코 만만한 길이 아닌 육아 과정을 겪는 후배엄마들과 때로는 함께 웃고 울기도 하며 아주 어렸을 적 소망을 떠올리게 되었다. '슬프고 힘들 때 생각나는 사람, 나도 무엇으로나 남에게 고마운 사람이 되어야겠다.'

편안하고 밝은 모습으로 조심스럽게 다가간 교육은 꿀맛처럼 달콤하다. 그리고 교육을 달콤하게 만들 수 있는 유일한 선생님은 아이를 이 세상에서 가장 사랑하는 엄마다. 나의 새로운 소망은 그 달콤한 꿀맛선생님들의 선생님이 되는 것이다. 아이 키우기가 너무 힘들다고 생각하는 사람이나 방법을 잘 몰라 고민하는 꿀맛선생님들의 달콤한 안내자가 되는 것이 내 소망이다. 그들이 힘들고 외로울 때 생각나는 사람, 기꺼이 다가가 도움을 줄 수 있는 언니같이 편안한 꿀맛선생님이 되고 싶다.

해주고 싶은 말은 더 많았는데 서둘러 강의를 마치고 나오느라 미처 해주지 못한 대답과 이야기들을 담아 이렇게 또 한 권의 책을 내게 되어 행복하다. 이 책이 나올 때쯤엔 아마 직접 만날 수 있는 공간 또한 마련되어 있을 것이다.

KI신서 1706

엄마는 꿀맛선생님

1판 1쇄 발행 2009년 3월 11일
1판 5쇄 발행 2014년 2월 5일

지은이 최연숙
펴낸이 김영곤 **펴낸곳** (주)북이십일 21세기북스
기획·편집 이여진 **디자인** 씨디자인
마케팅·영업본부장 안형태
마케팅 김현섭 송효진 최혜령 김홍선 강서영 **영업** 이경희 정경원 정병철
출판등록 2000년 5월 6일 제10-1965호
주소 (우413-120) 경기도 파주시 회동길 201(문발동)
대표전화 031-955-2100 **팩스** 031-955-2122 **이메일** book21@book21.co.kr
홈페이지 www.book21.com **트위터** @21cbook **블로그** b.book21.com

값 10,000원
ISBN 978-89-509-1765-4 03370